D1342993

INTRODUCTION À L'ANALYSE DES DONNÉES DE SONDAGE AVEC SPSS

PRESSES DE L'UNIVERSITÉ DU QUÉBEC
Le Delta I, 2875, boulevard Laurier, bureau 450
Québec (Québec) G1V 2M2
Téléphone : 418-657-4399 ▪ Télécopieur : 418-657-2096
Courriel : puq@puq.ca ▪ Internet : www.puq.ca

Diffusion / Distribution :

CANADA et autres pays

Prologue inc.
1650, boulevard Lionel-Bertrand
Boisbriand (Québec) J7H 1N7
Téléphone : 450-434-0306 / 1 800 363-2864

FRANCE
AFPU-Diffusion
Sodis

BELGIQUE
Patrimoine SPRL
168, rue du Noyer
1030 Bruxelles
Belgique

SUISSE
Servidis SA
Chemin des Chalets
1279 Chavannes-de-Bogis
Suisse

INTRODUCTION À L'ANALYSE DES DONNÉES DE SONDAGE AVEC SPSS

Michel Plaisent
Prosper Bernard
Cataldo Zuccaro
Naoufel Daghfous
Sylvain Favreau

2009

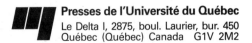 **Presses de l'Université du Québec**
Le Delta I, 2875, boul. Laurier, bur. 450
Québec (Québec) Canada   G1V 2M2

Catalogage avant publication de Bibliothèque
et Archives nationales du Québec et Bibliothèque et Archives Canada

Vedette principale au titre :

Introduction à l'analyse des données de sondage avec SPSS : guide d'auto-apprentissage

ISBN 978-2-7605-1579-6

1. SPSS pour Windows. 2. Sciences sociales – Méthodes statistiques – Logiciels.
3. Statistique – Logiciels. I. Plaisent, Michel, 1947-   .

HA32.I57 2008   300.285'53   C2008-941611-2

Nous reconnaissons l'aide financière du gouvernement du Canada
par l'entremise du Programme d'aide au développement
de l'industrie de l'édition (PADIE) pour nos activités d'édition.

La publication de cet ouvrage a été rendue possible
grâce à l'aide financière de la Société de développement
des entreprises culturelles (SODEC).

Mise en pages : INFOSCAN COLLETTE QUÉBEC

Couverture : RICHARD HODGSON

1 2 3 4 5 6 7 8 9 PUQ 2009 9 8 7 6 5 4 3 2 **1**

Dépôt légal – 1er trimestre 2009
Bibliothèque nationale du Québec / Bibliothèque nationale du Canada
Imprimé au Canada

Table des matières

1 Description de l'application

Ce guide d'utilisation est destiné aux utilisateurs de SPSS qui commencent leur apprentissage. Ce document montre comment utiliser le logiciel de statistiques en abordant les sujets suivants: les principaux menus et icônes, les déplacements dans les différentes fenêtres, l'utilisation des principales commandes statistiques et la création de graphiques à partir des données existantes. Il est important de noter que ce guide ne traite pas de l'interprétation des résultats statistiques.

Puisque cette application est destinée à l'environnement Windows, il est important que l'utilisateur ait quelques notions de base de cet environnement graphique. Il existe plusieurs ouvrages traitant de l'environnement Windows, auxquels les débutants devraient référer au besoin.

1.1. Exécution de SPSS pour Windows

L'exécution de SPSS pour Windows 98/2000/XP/Vista et NT se fait en cliquant sur **Démarrer (Start)** et ensuite sur **Programmes (Programs)**. Après ces opérations, vous n'avez qu'à choisir SPSS Inc, SPSS 16.0 French et cliquer sur la version que vous voulez utiliser parmi la liste des programmes affichés. Vous obtenez, par exemple, l'écran suivant.

Fenêtre de choix d'application SPSS pour Windows

Le lancement de SPSS s'effectue par un simple clic sur l'option **SPSS 16.0 FRENCH**, qui vous amène à l'écran ci-dessous.

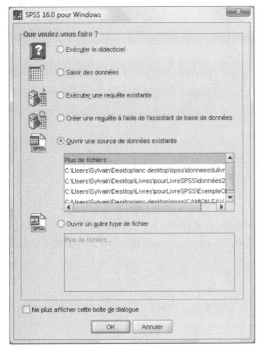

Options de lancement de SPSS

Le choix de l'option **Saisir des données / Type in Data** vous amène à un nouvel écran qui vous permet d'entrer vos données ou d'effectuer divers traitements statistiques. Cet écran ressemble à celui présenté ci-dessous.

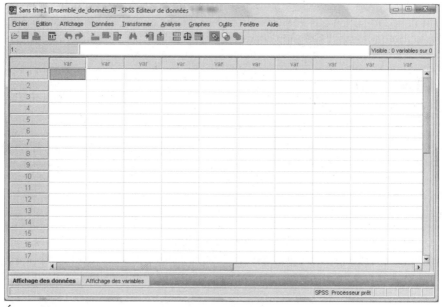

Écran principal de SPSS

N.B.: Si la fenêtre de syntaxe **SPSS (SPSS for Windows Syntax Editor)** ne s'affiche pas automatiquement, vous devez modifier les préférences de SPSS pour Windows. Exécutez l'option **Options** du menu **Édition / Edit**. Cochez la case **Ouvrir la fenêtre de syntaxe au démarrage / Open a Syntax Window at Startup**, puis cliquez sur le bouton **OK**. Pour que cette fenêtre s'affiche immédiatement, vous devez redémarrer SPSS pour Windows. Pour ce faire, exécutez l'option **Quitter / Exit SPSS** du menu **Fichier / File**. Une fois revenu à Windows, exécutez de nouveau SPSS pour Windows. La fenêtre **SPSS éditeur de syntaxe / SPSS for Windows Syntax Editor** s'affiche alors.

1.2. Description des principales fenêtres

L'écran principal de SPSS pour Windows 98/2000/XP/Vista et NT est divisé en deux parties distinctes : la première contient la barre des menus et la barre des boutons de commande, alors que la deuxième partie est la fenêtre principale de l'application.

La première partie de l'écran est probablement la plus importante, car c'est elle qui fait fonctionner le programme. C'est à partir de la barre des menus que l'utilisateur peut commander l'exécution des diverses commandes permettant d'effectuer les opérations statistiques, graphiques ou autres dont il a besoin. Les menus étant regroupés par catégories de fonction, il faut d'abord savoir ce qu'on désire réaliser. Par exemple, pour créer un graphique, il faut aller dans le menu **GRAPHES / GRAPHS**, car c'est celui-ci qui concerne les graphiques. La barre des boutons est uniquement un raccourci de la barre des menus. Elle ne contient que les commandes les plus fréquemment utilisées.

- Le menu **FICHIER / FILE** permet la gestion des fichiers (p. ex., ouvrir un nouveau fichier, fermer, enregistrer, etc.).
- Le menu **ÉDITION / EDIT** permet d'effectuer les opérations de traitement de texte (p. ex., copier, couper, coller, sélectionner, etc.).
- Le menu **AFFICHAGE / VIEW** permet de définir les options de l'écran (p. ex., barres d'outils).
- Le menu **DONNÉES / DATA** traite de tout ce qui est lié à la gestion de la barre de données (p. ex., définir ou insérer une variable, trier les données, etc.).
- Le menu **TRANSFORMER / TRANSFORM** présente les différentes opérations de transformation possibles sur les variables de la barre de données (p. ex., recodification, catégorisation, création d'indices, etc.).
- Le menu **ANALYSE / ANALYZE** permet d'accéder à toutes les analyses statistiques que SPSS rend possibles (p. ex., analyses descriptives, corrélations, etc.).
- Le menu **GRAPHES / GRAPHS** présente tous les types de graphiques que SPSS permet de créer (p. ex., histogrammes, boîtes à moustaches, courbes, etc.).
- Le menu **OUTILS / UTILITIES** comprend les utilitaires du programme (p. ex., informations sur les fichiers, informations sur les variables, etc.).
- Le menu **FENÊTRE / WINDOWS** permet la gestion des fenêtres.
- Le menu **AIDE / HELP** propose des rubriques d'aide à l'utilisation de SPSS.

La deuxième partie de l'écran est utilisée pour traiter les données.

1.3. Navigation dans les menus et fenêtres

La navigation dans les différents menus et les différentes fenêtres se fait à l'aide du clavier ou de la souris. L'utilisation de la souris est fortement recommandée, car elle permet d'aller directement à l'endroit désiré sans qu'on doive enfoncer plusieurs touches du clavier pour arriver aux mêmes fins.

Pour accéder aux menus à l'aide de la souris, il suffit de cliquer sur le menu désiré, et les commandes disponibles pour ce menu s'affichent. Il ne reste qu'à cliquer sur la commande désirée. Si une commande est affichée en gris pâle, cela indique qu'elle n'est pas disponible. Par contre, si la commande est affichée en noir, c'est qu'on y a accès. Il peut arriver que certaines commandes à l'intérieur d'un menu contiennent des sous-commandes. Si tel est le cas, le signe ▶ est affiché à la droite de la commande. Pour accéder à ces sous-commandes, il faut simplement survoler la commande désirée pour que les sous-commandes qui y sont associées s'affichent.

Lorsque la souris n'est pas disponible, il est nécessaire de se servir du clavier. Pour accéder aux différents menus à partir du clavier, il faut se servir des touches [**Alt**] et de la lettre du menu, qui se distingue des autres par le fait qu'elle est soulignée. Par exemple, pour accéder au menu **OUTILS / UTILITIES**, il vous suffit d'enfoncer la touche [**Alt**] en même temps que la lettre « **U** » pour que les commandes de ce menu s'affichent. Finalement, pour sélectionner la commande désirée, vous devez appuyer sur la lettre soulignée dans la commande désirée, ou utiliser les flèches de direction [↓] et [↑] pour vous déplacer sur la bonne commande puis enfoncer la touche [**Entrée**] pour la sélectionner. Vous pouvez indifféremment utiliser une lettre majuscule ou minuscule.

Le principe est un peu différent en ce qui concerne les fenêtres. Plusieurs fenêtres peuvent être affichées à l'écran. Les titres des fenêtres ouvertes sont affichés dans le menu **FENÊTRE / WINDOW**. Peu importe le nombre de fenêtres ouvertes, il ne peut y avoir plus d'une fenêtre active. Une fenêtre est dite active lorsque son titre est coché, et inactive dans le cas contraire.

Pour activer une fenêtre, il suffit de cliquer sur celle-ci ou de la sélectionner dans le menu **FENÊTRE / WINDOW** si la souris n'est pas disponible. Selon la fenêtre qui est active, les menus ainsi que la barre d'icônes peuvent varier. Cette variation facilite le travail de l'usager, car les menus s'adaptent au contenu de la fenêtre. Par exemple, si la fenêtre active présente des données, les commandes disponibles ne sont pas les mêmes que si la fenêtre contient un graphique.

1.4. Accès aux différents menus d'aide

SPSS pour Windows dispose d'une section d'aide très complète. On y accède en ouvrant le menu **AIDE / HELP** et en y sélectionnant le sujet pour lequel on veut recevoir de l'aide.

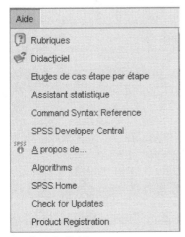

Fenêtre de l'aide

Dans le menu **AIDE / HELP**, on trouve onze options. **RUBRIQUES / TOPICS** vous permet de faire des recherches pour lesquelles l'aide est nécessaire. **DIDACTICIEL / TUTORIAL** contient une aide plus précise sur des sujets donnés. **ÉTUDE DE CAS PAR ÉTAPE / CASE STUDIES** contient une aide orientée sur les procédures d'étude de cas. En ce qui concerne **ASSISTANT STATISTIQUE / STATISTICS COACH**, cette option vous donne des exemples d'analyses statistiques. L'assistant vous initie, en quelque sorte, au monde des statistiques ! **COMMAND SYNTAX REFERENCE** offre des options supplémentaires que nous ne détaillerons pas ici. Notez cependant que vous devez disposer du logiciel Acrobat Reader version 3.0 ou plus pour lire le contenu de ces options. **SPSS HOME** vous renvoie directement au site Web de SPSS. Enfin, **À PROPOS DE SPSS / ABOUT SPSS** présente des informations relatives à votre version du logiciel. L'option **CHECK FOR UPDATES** permet de tenir le logiciel à jour. L'option la plus utilisée reste toutefois **RUBRIQUES / TOPICS**, à laquelle on accède par des mots clés. Cliquez sur cette option afin de l'activer et sélectionnez l'onglet **RECHERCHER / SEARCH**.

L'utilisation de l'écran est fort simple. Dans le rectangle du haut, il faut taper le nom du thème pour lequel on désire avoir de l'aide. Ensuite, il suffit d'enfoncer la touche [**Entrée**] ou de cliquer sur le bouton **RECHERCHER / LIST TOPICS** ; les thèmes se positionnent directement dans la deuxième case de la boîte de dialogue. Par exemple, pour avoir de l'aide sur les moyennes (*mean* en anglais), tapez le mot « moyenne » et appuyez sur la touche [**Entrée**]. Automatiquement, une liste de choix s'offre à vous. Il suffit de la parcourir et de préciser l'aide que vous désirez obtenir.

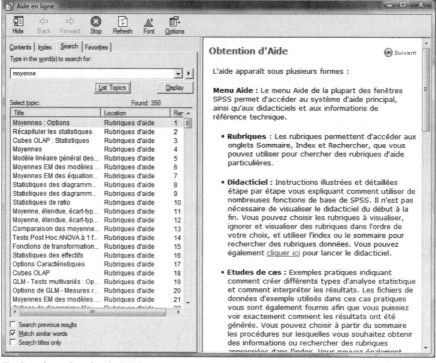

Fenêtre de recherche de l'aide

Plusieurs choix traitant de la moyenne s'offrent à vous. Pour afficher l'aide d'une rubrique, cliquez sur la rubrique désirée (située dans la deuxième case de la boîte de dialogue au bas de l'écran), puis cliquez sur le bouton **AFFICHER / DISPLAY**. Sélectionnez la rubrique **Moyennes** à titre d'exemple, puis cliquez sur le bouton **AFFICHER / DISPLAY**. Pour que la fenêtre affiche seulement le contenu de la rubrique, cliquez sur le bouton **MASQUER / HIDE** (situé à gauche dans le haut de la fenêtre. Vous obtenez alors l'écran qui suit.

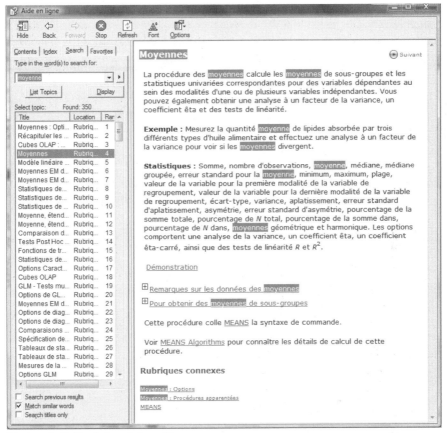

Fenêtre de l'aide de la rubrique Moyenne

L'aide sur le sujet s'affiche. Par défaut, le mot recherché (**moyennes**) apparaît dans le texte sur un fond bleu. Cela peut être annulé en sélectionnant l'item **DÉSACTIVER LA MISE EN SURBRILLANCE / SEARCH HIGHLIGHT OFF** situé dans le menu du bouton **OPTIONS** dans le haut de la fenêtre. Pour savoir comment utiliser une commande, cliquez sur **DÉMONSTRATION / SHOW DETAILS** et, pour obtenir de l'aide sur des sujets semblables, cliquez sur un des items sous la rubrique **RUBRIQUES CONNEXES / RELATED TOPICS**.

Pour revenir à l'écran précédent, cliquez sur le bouton **AFFICHER / DISPLAY**. Pour effectuer d'autres recherches à propos d'autres mots clés, cliquez sur l'onglet **RECHERCHER / SEARCH**. Pour quitter l'aide, cliquez sur le **X** (bouton rouge) situé dans le coin supérieur droit de la fenêtre.

2 Saisie des données

Les données constituent un élément de base pour le fonctionnement d'un logiciel de statistiques. Sans les données, il est impossible d'effectuer les différentes opérations mathématiques et statistiques. Avec SPSS pour Windows, on peut ajouter les données de deux façons différentes. La première façon consiste à les saisir directement dans l'écran **AFFICHAGE DES DONNÉES / DATA VIEW DE SPSS**. La deuxième façon consiste à importer les données d'un autre logiciel, par exemple Lotus, Excel ou Access. Il est également possible d'importer les données d'un fichier ASCII. Ce type d'importation est surtout utilisé lorsque les données proviennent d'un ordinateur sur une plate-forme autre que IBM PC, les ordinateurs centraux de marque VAX et HP, par exemple. Les principales caractéristiques et conditions à respecter de chacune des méthodes pour la saisie de données mentionnées précédemment sont décrites dans cette section. Référez-vous uniquement à la section qui vous concerne : dans tous les cas, ce sont les mêmes données qui seront intégrées dans SPSS pour Windows, mais d'une façon différente.

2.1. Saisie des données à partir de SPSS

Si les données n'ont pas été saisies, il est préférable de le faire dans l'éditeur de données de SPSS pour Windows. De cette manière, on élimine les risques d'erreurs de conversion ou d'importation. Les seules erreurs possibles sont maintenant celles de transcription ou de conceptualisation de la part de l'utilisateur. Lors de cette saisie des données, il faut suivre trois étapes principales. La première étape consiste à définir les noms des variables, alors que, dans la deuxième étape, on saisit les données. La troisième étape sera décrite en détail dans la section 2.6, « Modification des propriétés des variables ». On y définit certaines caractéristiques qualitatives rattachées à chacune des variables (nom de la variable, valeur possible, *missing value*, etc.). La deuxième et la troisième étape peuvent être exécutées simultanément par ceux qui ont un peu plus d'expérience.

La saisie des données se fait dans la fenêtre **AFICHAGE DES DONNÉES / DATA VIEW**.

Écran principal de SPSS pour Windows

L'écran de saisie des données de SPSS est semblable à celui d'une application de chiffrier électronique (p. ex., Lotus ou Excel). Le principe de saisie des données est très simple : chaque colonne représente une variable et chaque ligne correspond à une observation. Les noms des variables sont placés sur la ligne horizontale du cadre, c'est-à-dire celle qui contient le mot « **var** ».

2.1.1. Saisie des noms des variables

La première étape consiste à définir les noms de chacune des variables. L'exemple proposé comporte sept variables. Pour donner un nom à une variable, il faut double-cliquer sur le titre de la colonne (« **var** ») qui contiendra la première variable, ou cliquer sur l'onglet de feuille **AFFICHAGE DES VARIABLES / VARIABLE VIEW**. Les noms des feuilles figurent sur les onglets situés dans le coin inférieur gauche de la fenêtre. Pour passer d'une feuille à l'autre, cliquez sur l'onglet de feuille désirée. La fenêtre **AFFICHAGE DES VARIABLES / VARIABLE VIEW** sera expliquée en détail dans la section « Modification des propriétés des variables ».

Fenêtre de saisie des noms de variables et types

La colonne **NOM / NAME** sert à nommer chaque variable. Le nom de la variable ne doit pas dépasser huit caractères et il est fortement recommandé de ne pas utiliser de caractères accentués. De plus, SPSS vous permet de changer le type, la description de la variable et le format de la colonne. On peut aussi indiquer, grâce à l'option **MANQUANT / MISSING**, si la variable accepte des valeurs manquantes. Enfin, vous avez trois options vous permettant d'indiquer les valeurs que la variable tente de mesurer.

Vous allez maintenant créer la première variable, qui est l'âge du répondant. Elle porte le nom **age**. Dans le rectangle **NOM / NAME**, tapez **age** comme nom de la variable. Pressez la touche [**Entrée**] pour accepter le nom de la variable.

La deuxième variable est le sexe du répondant. Les valeurs qui seront saisies pour cette variable ne seront pas numériques, mais plutôt alphabétiques : **H** pour homme ou **F** pour femme. Accédez à la fenêtre de définition des variables pour la variable **sexe**. Utilisez la deuxième colonne pour situer cette variable. Dans le rectangle **NOM / NAME**, tapez **sexe** comme nom de la variable. Pour indiquer à SPSS que les données seront de type alphabétique, cliquez sur la cellule **TYPE**. Cette fenêtre sera expliquée en détail dans la section « Modification des propriétés des variables ».

En bref, pour assigner des caractères alphabétiques comme données d'une variable, il est nécessaire de sélectionner le type **CHAÎNE / STRING**. Une fois le type sélectionné, il faut cliquer sur le bouton **OK** pour revenir à la fenêtre de définition des variables. Pressez la touche [**Entrée**] pour accepter le nom de la variable et, si vous cliquez sur l'onglet **AFFICHAGE DES DONNÉES / DATA VIEW**, vous constaterez que le nom de la variable **sexe** s'affiche sur la première case de la deuxième colonne, soit à droite de la variable **age**.

Il reste maintenant cinq variables à saisir afin de compléter l'exemple. Saisissez les cinq dernières variables avec les noms et l'ordre de présentation suivants. Lorsque l'opération de création des variables est terminée, passez à l'étape suivante, à savoir la saisie des données.

Cliquez sur l'onglet **AFFICHAGE DES DONNÉES / DATA VIEW** pour continuer la saisie dans la fenêtre des données. Les noms des variables s'affichent sur la première rangée de la fenêtre.

	age	sexe	salaire	statut	emploi	scolarit	ratio
1							

Variables à saisir pour la démonstration

2.1.2. Saisie des données

La deuxième étape consiste à saisir les données qui seront utilisées tout au long de ce guide. La saisie se fait comme dans une feuille de calculs. Chaque case correspond à une observation relative à une variable. Les touches de déplacement à l'intérieur de la fenêtre de saisie des données sont très simples. Utilisez la touche [**Tab**] ou [→] pour aller à la variable de droite, et [**Maj**]+[**Tab**] ou [**Maj**]+[→] pour aller à la variable de gauche. Pour aller à la ligne suivante ou au formulaire suivant, utilisez la touche [**Entrée**] ou [↓] et, pour aller à la ligne précédente ou au formulaire précédent, utilisez la touche [↑]. À titre d'exemple, saisissez les données suivantes.

	age	sexe	salaire	statut	emploi	scolarit	ratio
1	25	H	26500	1	3	2	3.4
2	29	H	27500	2	1	3	5.2
3	38	F	34000	2	2	4	6.5
4	24	H	28000	2	2	2	2.8
5	34	F	29800	1	1	3	6.2
6	31	F	49000	3	3	5	5.0
7	40	F	29550	2	3	4	6.2
8	33	H	37000	1	1	2	4.0
9	27	H	25000	1	2	1	5.0
10	41	F	24000	3	2	2	6.5
11	55	H	27500	2	3	2	6.1

Données à saisir à titre d'exemple

2.2. Importation des données à partir d'une autre application

Comme nous l'avons déjà mentionné, il est possible d'importer des données provenant d'autres logiciels, tels que Excel, dBase, ou des fichiers de type ASCII. Dans tous les cas, la procédure est semblable. Les fichiers de type ASCII demandent toutefois d'effectuer quelques étapes de plus. Pour importer un fichier dans SPSS pour Windows 16.0, il est nécessaire d'exécuter le menu FICHIER / FILE et de sélectionner la commande OUVRIR LES DONNÉES / OPEN DATA.

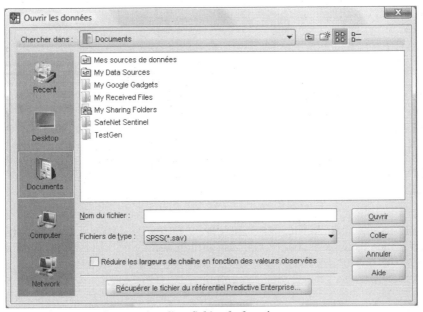

Fenêtre d'ouverture/importation d'un fichier de données

La première étape consiste à sélectionner le bon lecteur de disque ainsi que le bon répertoire afin de retrouver votre fichier. Pour modifier le lecteur ou le répertoire, cliquez sur la flèche du rectangle **CHERCHER DANS / LOOK IN**, puis sélectionnez le lecteur ainsi que le répertoire désirés. Une fois ces deux paramètres précisés, reportez-vous à la section correspondant au type de fichier que vous désirez importer pour les étapes suivantes.

2.2.1. Importation à partir d'Excel

Les données provenant d'Excel sont acceptées à partir de toutes les versions de 2.0 à 2007 (XLS). Les données doivent être saisies sous forme de tableau en colonnes, où chaque colonne correspond à une variable. Il y a quelques règles de base à respecter pour importer les données à partir d'Excel. Les noms des variables doivent être sur la première ligne (ligne 1) et ils ne doivent pas excéder huit caractères. Si une variable a plus de huit caractères, SPSS ne gardera que les huit premiers ; les suivants seront tout simplement ignorés. Il est préférable de ne pas utiliser de caractères accentués dans les noms des variables. Les données doivent débuter à la deuxième ligne du chiffrier (ligne 2). Les données suivantes ont été saisies à partir d'un fichier Excel. Le nom du fichier de données est **DONNEES.XLS**.

	A	B	C	D	E	F	G
1	age	sexe	salaire	statut	emploi	scolarit	ratio
2	25	H	26,500	1	3	2	3.4
3	29	H	27,500	2	1	3	5.2
4	38	F	34,000	2	2	4	6.5
5	24	H	28,000	2	2	2	2.8
6	34	F	29,800	1	1	3	6.2
7	31	F	49,000	3	3	5	5.0
8	40	F	29,550	2	3	4	6.2
9	33	H	37,000	1	1	2	4.0
10	27	H	25,000	1	2	1	5.0
11	41	F	24,000	3	2	2	6.5
12	55	H	27,500	2	3	2	6.1

Données saisies à partir d'Excel (DONNEES.XLS)

Dans le rectangle **FICHIERS DE TYPE / FILES OF TYPE**, il faut d'abord sélectionner l'option **Excel (*.xls)** afin d'indiquer à SPSS le type de fichier de données à importer. Ensuite, tous les fichiers ayant une extension de Excel s'affichent dans la grande fenêtre centrale.

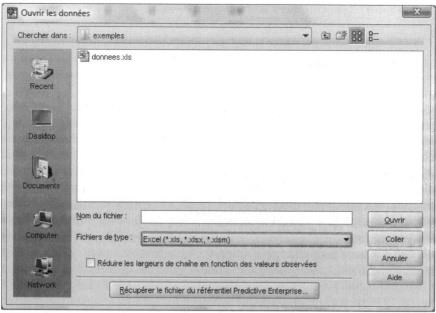

Importation de fichier Excel

La dernière étape consiste à sélectionner le fichier désiré en cliquant sur ce dernier. Pour lancer l'importation des données, cliquez sur le bouton **OUVRIR / OPEN** et cochez l'option **LIRE LES NOMS DE VARIABLE À PARTIR DE LA PREMIÈRE LIGNE DE DONNÉES / READ VARIABLE NAMES FROM THE FIRST ROW OF DATA**, puis appuyez sur **POURSUIVRE / CONTINUE**.

2.2.2. Importation à partir d'un fichier ASCII

Les données provenant d'un fichier ASCII sont acceptées par l'éditeur de SPSS si les données des variables sont séparées par un tabulateur, à savoir la touche [**Tab**] du clavier. Les données peuvent être saisies à partir de n'importe quel éditeur de texte ASCII dans l'environnement DOS ou Windows. Le fichier de données ASCII pourra avoir une extension **DAT** ou **TXT**.

Il existe également un autre format ASCII qui est supporté par SPSS pour Windows; il est dit en colonne fixe. Ce type de fichier ne sera pas décrit dans ce guide, car le niveau de difficulté pour exécuter cette opération complexe est beaucoup plus élevé. Il est cependant possible de convertir un fichier ASCII en colonne fixe en un fichier ASCII avec délimiteur. Cette opération peut être réalisée à partir d'un logiciel de chiffrier électronique (Lotus ou Excel) ou d'un logiciel de traitement de textes (WordPerfect ou Word). Pour de plus amples détails sur cette conversion, consultez les manuels de SPSS pour Windows.

Les données du fichier ASCII à importer doivent être saisies sous forme de tableau en colonnes, c'est-à-dire que chaque colonne correspond à une variable. Il y a quelques règles de base à respecter pour importer les données à partir d'un fichier ASCII. Les noms des variables doivent être sur la première ligne et ils ne doivent pas excéder huit caractères. Si une variable a plus de huit caractères, SPSS ne gardera que les huit premiers; les suivants seront tout simplement ignorés. Il est préférable de ne pas utiliser de caractères accentués dans les noms des variables. Les données doivent débuter à la deuxième ligne du fichier ASCII. Les données suivantes ont été saisies à partir d'un éditeur de texte ASCII dans l'environnement Windows. Le nom du fichier de données est **DONNEES.DAT**.

```
age      sexe      salaire statut    emploi    scolarit          ratio
25       H         "26,500"          1         3         2       3.4
29       H         "27,500"          2         1         3       5.2
38       F         "34,000"          2         2         4       6.5
24       H         "28,000"          2         2         2       2.8
34       F         "29,800"          1         1         3       6.2
31       F         "49,000"          3         3         5       5.0
40       F         "29,550"          2         3         4       6.2
33       H         "37,000"          1         1         2       4.0
27       H         "25,000"          1         2         1       5.0
41       F         "24,000"          3         2         2       6.5
55       H         "27,500"          2         3         2       6.1
```

Données saisies à partir d'un fichier ASCII

Dans le rectangle **FICHIERS DE TYPE / FILES OF TYPE**, il faut d'abord utiliser l'ascenceur afin d'indiquer à SPSS le type de fichier de données à importer.

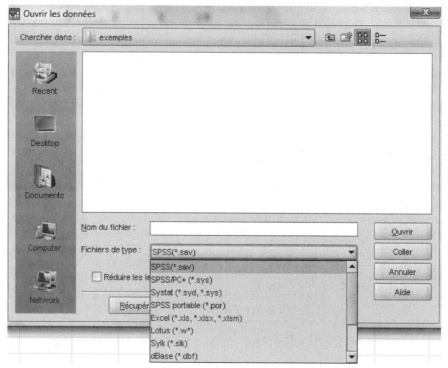

Fenêtre de sélection du type de fichier à importer

Après avoir sélectionné l'extension désirée, les fichiers ayant cette extension s'affichent dans la grande fenêtre centrale. La dernière étape consiste à sélectionner le fichier désiré en cliquant sur ce dernier. Pour lancer l'importation des données, cliquez sur le bouton **OUVRIR / OPEN**.

2.3. Enregistrement de données

Une fois la saisie des données terminée, il est toujours recommandé d'enregistrer les données sur le disque, afin de pouvoir les réutiliser par la suite. Pour enregistrer les données, cliquez sur le bouton d'enregistrement ou bien exécutez l'option **ENREGISTRER SOUS / SAVE AS** du menu **FICHIER / FILE.**

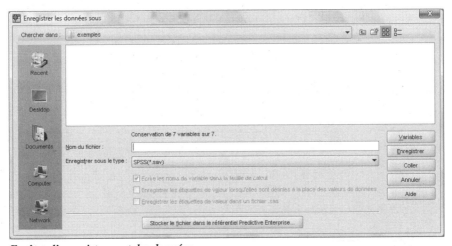

Fenêtre d'enregistrement des données

Cliquez sur le bouton du rectangle **CHERCHER DANS / LOOK IN** afin de sélectionner le lecteur sur lequel les données doivent être enregistrées. Par la suite, cliquez sur le répertoire désiré s'il y a lieu. Dans la fenêtre **NOM DU FICHIER / FILE NAME**, saisissez **DONNEES.SAV** comme nom pour le fichier de données. Pour compléter l'enregistrement, il suffit de cliquer sur le bouton **ENREGISTRER / SAVE**.

2.4. Quitter SPSS pour Windows

Lorsque votre travail est terminé et que vous voulez quitter SPSS pour Windows, exécutez l'option **QUITTER / EXIT** du menu **FICHIER / FILE**, comme le montre l'écran suivant.

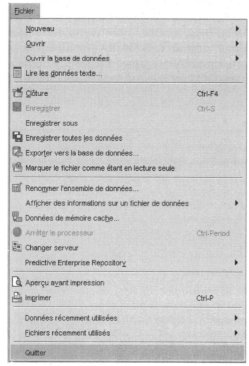

Fenêtre de sortie de SPSS

2.5. Ouverture d'un fichier de données en format SPSS déjà existant

Les données déjà saisies dans SPSS ou importées d'une autre application peuvent être récupérées afin de poursuivre le travail déjà entrepris. La procédure est assez simple à suivre. Pour récupérer un fichier de données SPSS déjà existant, cliquez sur le bouton d'ouverture de fichier ou exécutez l'option **OUVRIR / OPEN** du menu **FICHIER / FILE**.

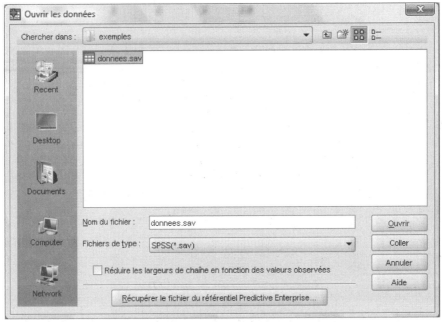

Fenêtre d'ouverture/importation d'un fichier de données

La première étape consiste à retrouver le fichier de données sur le disque rigide ou sur le cédérom. Pour modifier le lecteur, cliquez sur la flèche du rectangle **CHERCHER DANS / LOOK IN**, puis sélectionnez le lecteur ainsi que le répertoire désirés. Une fois le lecteur et le répertoire sélectionnés correctement, il ne vous reste qu'à choisir le fichier désiré dans la fenêtre **NOM DU FICHIER / FILE NAME**. Cliquez sur le fichier, puis sur le bouton **OUVRIR / OPEN**, pour lancer le chargement des données dans SPSS. Une fois chargées, les données apparaissent dans la feuille de données.

2.6. Modification des propriétés des variables

Cette étape est très importante, car c'est ici qu'on assigne les titres ou les noms aux variables ainsi que les formats des variables. La première variable dont les propriétés doivent être modifiées est la variable **sexe**. Pour activer la fenêtre des propriétés de la variable **sexe**, double-cliquez sur son nom, ou cliquez sur l'onglet de feuille **AFFICHAGE DES VARIABLES / VARIABLE VIEW**, puis selectionnez la variable voulue.

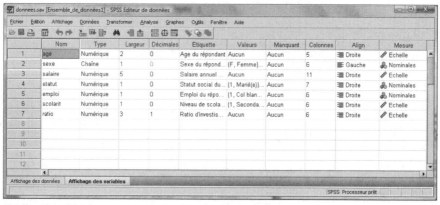

Fenêtre de saisie des paramètres de variables de données

| Affichage des données | **Affichage des variables** |

Onglets Affichage des données et affichage des variables / Data View et Variable View

La fenêtre contient le nom de la variable, ici, **sexe**, ainsi que sa description. C'est un résumé des différentes caractéristiques de la variable **sexe**. Juste après, se trouvent les boutons permettant de modifier les caractéristiques de la variable **sexe**. Enfin, on définit les valeurs que peut prendre la variable lorsqu'elle est mesurée.

Par exemple si on veut changer le type de la variable **sexe**, on la sélectionne, comme il a été vu précédemment, et, dans la fenêtre principale, on choisit l'onglet de feuille **AFFICHAGE DES VARIABLES / VARIABLE VIEW**, puis on sélectionne la variable voulue, puis **TYPE**. On obtient ainsi le résultat illustré plus bas[1].

---

1. Cette boîte de dialogue peut différer selon les versions.

Fenêtre du bouton Type

Le bouton **TYPE** permet de modifier le type de données de la variable, c'est-à-dire le genre de données qui sera assigné à la variable (numérique, alphabétique, date, monétaire, etc.) ainsi que le format des variables, et le nombre de décimales lorsqu'il s'agit d'un type numérique. Pour modifier le type de données d'une variable, cliquez sur le type désiré. Pour modifier le format ainsi que le nombre de décimales, cliquez dans les rectangles respectifs, puis modifiez la valeur.

Le bouton **ÉTIQUETTE / LABEL** permet de donner un titre plus significatif à la variable pour mieux la décrire. Ce titre sera affiché dans les différents calculs statistiques (tableaux croisés, par exemple). Il est également possible d'associer des libellés à certaines valeurs. Par exemple, à la case **ÉTIQUETTE / LABEL**, inscrivez **Sexe du répondant**. Associez par la suite la valeur **F** à la case **VALEUR / VALUE**, **Femme** à la case **ÉTIQUETTE / LABEL**, et cliquez ensuite sur **AJOUTER / ADD**. Après avoir fait la même chose pour la valeur **H** pour Homme, vous aurez des résultats semblables à ceux illustrés ci-après. Pour modifier un libellé déjà saisi, cliquez sur ce dernier, puis sur le bouton **CHANGER / CHANGE**. Pour supprimer un libellé ainsi que sa valeur, cliquez sur ce libellé, puis sur le bouton **ÉLIMINER BLOC / REMOVE**.

Fenêtre du bouton Valeurs

Le bouton **MANQUANT / MISSING** permet d'indiquer les valeurs de la variable qui seront considérées comme des données manquantes. Les données manquantes sont des valeurs qui sont ignorées lors des traitements statistiques ou de l'élaboration des graphiques. La plupart du temps, le nombre de données manquantes est indiqué à la suite de l'exécution d'une procédure statistique. Pour définir des données manquantes, cliquez sur la catégorie désirée, puis saisissez les valeurs dans chacun des rectangles.

Fenêtre du bouton Manquant

Le bouton **COLONNES / COLUMNS** permet de déterminer la largeur de la colonne. Cliquez dans le rectangle **COLONNES / COLUMNS**, puis saisissez la nouvelle valeur, qui devra être comprise entre 1 et 255. Pour modifier la largeur d'une colonne, augmentez ou réduisez la taille de la colonne.

Fenêtre du bouton Colonnes

Le bouton **ALIGN / ALIGN** sert à aligner les données à l'intérieur des cellules. Pour modifier l'alignement du texte, cliquez sur l'une des trois dispositions disponibles.

Fenêtre du bouton Align

Le bouton **MESURE / MEASURE** permet de fixer l'échelle de mesure. Il existe quatre types d'échelle de mesure : l'échelle nominale (**NOMINAL**), l'échelle ordinale (**ORDINAL**), l'échelle d'intervalles et l'échelle de rapport (**ÉCHELLE / SCALE**). La section suivante explique chaque type de mesure.

Fenêtre du bouton Mesure

Les propriétés de chacune des sept variables doivent être modifiées afin de les rendre plus visibles dans la feuille de données et d'en optimiser l'espace sur l'écran. L'insertion de titres de libellés pour les valeurs et les variables permet de faciliter la lecture des résultats statistiques. Pour les sept variables, faites la saisie de chacune des caractéristiques. Afin de faciliter la compréhension des différentes caractéristiques à saisir, ces dernières sont disposées sous forme de tableau. Il est important de noter l'absence de données manquantes.

On créera de la même manière les autres variables de l'entité à l'étude.

Fenêtre Affichage des variables

2.7. Échelles de mesures

Lorsque l'on effectue des analyses statistiques, il est nécessaire de distinguer les différents types d'échelles de mesure. Les différents tests possibles dépendront de la nature des données ainsi que de leur échelle de mesure. Par exemple, on n'utilisera pas la même méthode pour étudier la relation entre des variables nominales, ordinales ou d'intervalle/ratio.

Une échelle est nominale si elle définit simplement l'appartenance d'un élément à une modalité, classe ou catégorie non hiérarchique (Bonhivers et De Ketele, 1986). Une échelle nominale comporte un certain nombre de catégories, dont la seule propriété est qu'elles sont toutes différentes les unes des autres. Par exemple, dans la question suivante, chacune des réponses est indépendante et, même si on associait 1 = Blanc, 2 = Bleu, 3 = Rouge, etc., il serait impensable de faire une moyenne à partir de ces chiffres.

Quelle est votre couleur préférée ?

Blanc ☐   Bleu ☐   Rouge ☐
Vert ☐   Brun ☐   Mauve ☐   Autre ☐

Une échelle est ordinale lorsque les nombres représentent des modalités ordonnées ou classées par ordre de grandeur. Dans une échelle ordinale, les catégories la composant sont munies d'une structure d'ordre, établie en fonction d'un critère donné. Par exemple, le rang dans la famille : le premier né, le deuxième, etc.

Une échelle est d'intervalle lorsque les distances arithmétiques entre les nombres d'une échelle trouvent un correspondant dans la réalité du phénomène observé. On utilise les échelles lorsque la comparaison d'intervalles est possible.

L'échelle de rapport possède toutes les propriétés des échelles d'intervalle et, en plus, un zéro « vrai », non arbitraire. L'échelle permet non seulement la comparaison d'intervalles, mais également la comparaison de rapports.

La différence entre ces deux types d'échelles est par rapport à la valeur nulle. Dans une échelle d'intervalle, le zéro est situé de manière arbitraire : par exemple, la mesure de températures (Celsius et Fahrenheit) ou de quotient intellectuel. Dans une échelle de rapport, le zéro possède une signification précise, puisqu'il désigne l'absence du caractère considéré (âge, vitesse, salaire, distance, etc.).

2.8. Regroupement des valeurs d'une variable

Dans certains cas, pour les besoins d'une analyse, il sera nécessaire de regrouper les valeurs d'une variable. Par exemple, vous pouvez regrouper les valeurs de la variable **age** afin d'obtenir des groupes d'âge (11 à 20 ans, 21 à 30 ans, etc.). Vous pouvez également regrouper le salaire. Ces regroupements sont très utilisés, notamment pour les tests du Chi-deux.

Le résultat du regroupement des valeurs d'une variable située dans une colonne peut être affiché dans la même colonne ou dans une nouvelle colonne. Le deuxième choix est le plus sécuritaire, car les données originales ne sont pas modifiées ; si vous décidez de modifier les catégories, les données originales sont toujours disponibles, car elles demeurent inchangées dans la colonne initiale, tandis que, dans le premier choix, les données originales sont remplacées par les données du regroupement.

2.8.1. Regroupement des valeurs de la variable **age**

Vous allez regrouper les données de la colonne **age** selon les catégories du tableau suivant.

Catégories d'âge	*Valeurs correspondantes*
Inférieur à 21 ans	1
De 21 à 30 ans	2
De 31 à 40 ans	3
De 41 à 50 ans	4
De 51 à 60 ans	5
Supérieur à 60 ans	6

Pour pouvoir regrouper des variables en utilisant le même nom, il faut ajuster l'option **RECODER DES VARIABLES / RECODE INTO SAME VARIABLES** du menu **TRANSFORMER / TRANSFORM**. Pour effectuer un regroupement dans une nouvelle variable et garder les données originales – préférable –, il faut sélectionner l'option **CRÉATION DE VARIABLES / RECODE INTO DIFFERENT VARIABLES** du menu **TRANSFORMER / TRANSFORM**. La nouvelle colonne de la variable regroupée contiendra les six catégories de la variable **age**. Cette nouvelle variable portera le nom **grp_age**. Exécutez l'option **CRÉATION DE VARIABLES / RECODE INTO DIFFERENT VARIABLES** du menu **TRANSFORMER / TRANSFORM**. Nous utilisons cette commandes pour ne pas perdre les données de la variable d'origine.

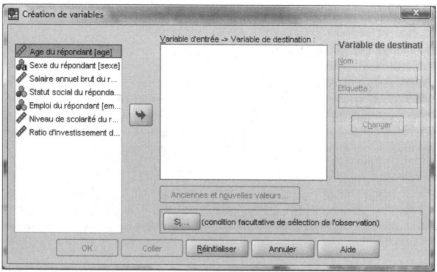

Fenêtre de définition des regroupements de données

Dans cette fenêtre, vous sélectionnez la variable qui fera l'objet du regroupement et vous définissez la nouvelle variable qui contiendra les valeurs du regroupement.

La première étape consiste à définir la variable à regrouper et la nouvelle variable qui contiendra le regroupement. Le regroupement se fait selon l'âge du répondant. Cliquez sur la variable **age**, puis sur le bouton [➡] pour déplacer la variable dans la section **VARIABLE D'ENTRÉE -> VARIABLE DE DESTINATION / INPUT VARIABLE -> OUTPUT VARIABLE**.

Dans la section **VARIABLE DE DESTINATION / OUTPUT VARIABLE**, vous nommez et définissez la nouvelle variable. Dans le rectangle **NOM / NAME**, tapez **grp_age** comme nom de la nouvelle variable. Dans le rectangle **ÉTIQUETTE / LABEL**, tapez la description suivante : **Groupe des âges**. Cliquez sur le bouton **CHANGER / CHANGE** pour activer la nouvelle variable.

La dernière étape consiste à définir les regroupements. Cliquez sur le bouton **ANCIENNES ET NOUVELLES VALEURS / OLD AND NEW VALUES** pour accéder à la fenêtre de définition des regroupements.

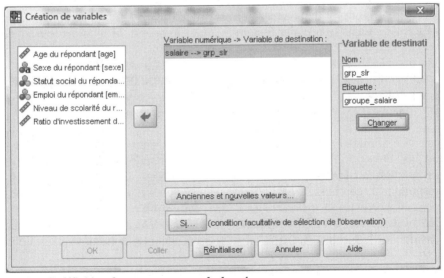

Fenêtre de définition des regroupements de données

La fenêtre se divise en trois grandes parties. La première (**ANCIENNE VALEUR / OLD VALUE**) permet de sélectionner l'étendue des anciennes valeurs (l'intervalle de données), tandis que la seconde (**NOUVELLE VALEUR / NEW VALUE**) permet de définir la nouvelle valeur correspondant au regroupement. La dernière partie (**ANCIENNE –> NOUVELLE / OLD –> NEW**), pour sa part, affiche les anciennes valeurs et leurs nouvelles correspondances.

Le premier regroupement contient tous les âges qui sont inférieurs à 21 ans. Pour définir ce regroupement, sélectionnez **PLAGE, DU MINIMUM À LA VALEUR / RANGE, LOWEST THROUGH VALUE**. Dans le rectangle correspondant à ce choix, tapez la valeur **21**. D'après notre tableau, ce regroupement correspond à la valeur 1 pour la nouvelle variable. Dans le rectangle **NOUVELLE VALEUR / NEW VALUE**, vis-à-vis de **VALEUR / VALUE** tapez le chiffre **1**. Cliquez ensuite sur le bouton **AJOUTER / ADD** pour accepter cette nouvelle valeur.

Les quatre prochains regroupements se font de la même manière : il s'agit d'un regroupement entre deux valeurs. Pour le premier regroupement, il faut donner la valeur 2 à tous les répondants qui ont entre 21 et 30 ans. Pour définir ce regroupement entre deux valeurs, cliquez sur **PLAGE (ET) / RANGE (THROUGH)**. Dans le premier rectangle (gauche), il faut saisir la valeur inférieure, et dans le dernier rectangle (droite), il faut saisir la valeur supérieure. Dans le premier rectangle, tapez la valeur **21**, et dans le dernier rectangle, tapez la valeur **30**. Cette étendue correspond à la valeur 2. Dans le rectangle **NOUVELLE VALEUR / NEW VALUE**, vis-à-vis de **VALEUR / VALUE**, tapez le chiffre **2**. Ensuite, cliquez sur le bouton **AJOUTER / ADD** pour accepter cette nouvelle valeur. Pour les trois prochaines étendues (31-40 ans [3], 41-50 ans [4], 51-60 ans [5]), reprenez les étapes mentionnées ci-dessus.

Le dernier regroupement contient tous les âges qui sont supérieurs à 60 ans. Pour définir ce regroupement, sélectionnez **PLAGE, DE LA VALEUR AU MAXIMUM / RANGE VALUE THROUGH HIGHEST**. Dans le rectangle correspondant à ce choix, tapez la valeur **60**. D'après notre tableau, ce regroupement correspond à la valeur 6, que vous ajouterez dans le rectangle **NOUVELLE VALEUR / NEW VALUE**, vis-à-vis de **VALEUR / VALUE**. Cliquez ensuite sur le bouton **AJOUTER / ADD** pour accepter cette nouvelle valeur.

Une fois toutes ces valeurs définies, cliquez sur le bouton **POURSUIVRE / CONTINUE** pour accepter les données et revenir à la fenêtre précédente. Cliquez maintenant sur le bouton **OK** pour revenir à la fenêtre des données et lancer le calcul de la nouvelle colonne de données (**grp_age**).

2.8.2. Regroupement des valeurs de la variable **salaire**

Vous allez regrouper les données de la colonne **salaire** selon les catégories du tableau ci-dessous.

Catégories de salaires	Valeurs correspondantes
Inférieur ou égal à 15 000 $	1
Entre 15 001 $ et 20 000 $	2
Entre 20 001 $ et 25 000 $	3
Entre 25 001 $ et 30 000 $	4
Entre 30 001 $ et 40 000 $	5
Supérieur à 40 000 $	6

La nouvelle variable contiendra le regroupement des données de la variable **salaire**. Cette variable portera le nom **grp_slr**. Sa description est **Groupe des salaires**. Vous allez créer cette nouvelle variable avec les données du tableau illustré ci-dessus. Si vous éprouvez des difficultés à créer ce regroupement, reportez-vous à la section précédente : la démarche est exactement la même. Lorsque vous entrerez dans la section de définition de la nouvelle variable, cliquez sur le bouton **RÉINITIALISER / RESET** afin de vider le contenu de l'ancienne variable. Vous devriez obtenir comme résultat final la fenêtre de regroupement suivante :

Fenêtre de définition des regroupements de la variable grp_slr

2.9. Impression des données

On peut facilement imprimer les données des variables afin de vérifier leur exactitude. Lorsque la fenêtre **AFFICHAGE DES DONNÉES / DATA VIEW** est active, cliquez sur le bouton d'impression ou exécutez l'option **IMPRIMER / PRINT** dans le menu **FICHIER / FILE**.

Fenêtre d'impression de la feuille de données

Il vous est possible d'imprimer toutes les données ou seulement une partie. En choisissant l'option **TOUS / ALL**, toutes les données seront imprimées. En choisissant **SÉLECTION / SELECTION**, seules les données ayant été sélectionnées (encadrées en bleu dans la feuille de données) seront imprimées. Pour imprimer plusieurs exemplaires des données, cliquez dans le rectangle **NOMBRE DE COPIES / NUMBER OF COPIES** et saisissez le nombre désiré. Si votre ordinateur est connecté à plusieurs imprimantes, cliquez sur le menu déroulant de la section **IMPRIMANTE / PRINTER** pour sélectionner celle que vous désirez utiliser. Pour lancer l'impression, cliquez sur le bouton **OK**.

3 Production des rapports et des statistiques

*La plupart des statistiques produites par SPSS sont présentées sous forme de tableaux ou de graphiques. À des fins d'exemple, quelques calculs statistiques seront présentés. Pour chacun d'eux, la majorité des possibilités offertes sera expliquée en détail. Notez aussi que les menus, les fenêtres ainsi que les options disponibles peuvent varier grandement selon la nature des calculs à effectuer. Il est donc important de bien comprendre le principe et la marche à suivre généraux pour effectuer des calculs statistiques en utilisant SPSS. Tous les calculs statistiques de cette section sont effectués à partir du menu **ANALYSE / ANALYZE**.*

Les résultats proviennent de données fictives. Ce guide ne vise aucunement à interpréter les résultats des analyses statistiques.

3.1. Distribution de fréquences

Le calcul des fréquences est généralement le point de départ de toute analyse de données statistiques. Dans la plupart des cas, il commence par un réarrangement de données, soit par ordre croissant ou décroissant de données ou par leur regroupement en catégories. On peut alors produire des rapports de fréquence des valeurs des variables à l'étude ou faire des graphiques pour faciliter leur visualisation. À partir de ce moment, on peut effectuer diverses analyses statistiques, allant d'un simple comptage jusqu'aux mesures d'aplatissement ou de symétrie de la distribution, en passant par le calcul de la moyenne, de l'écart-type, de la médiane, etc.

Comme exemple, nous allons calculer les fréquences et les statistiques à partir des données que nous avons saisies au chapitre précédent.

Dans le menu **ANALYSE / ANALYZE**, choisissez l'option **STATISTIQUES DESCRIPTIVES / DESCRIPTIVE STATISTICS**, puis **EFFECTIFS / FREQUENCIES**. L'écran ci-dessous s'affichera.

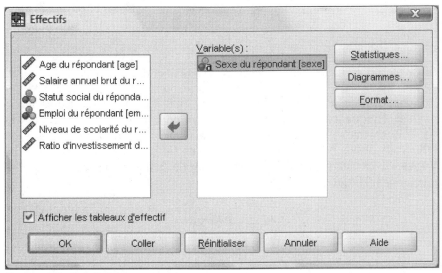

Fenêtre de calcul de fréquences

Sélectionnez une ou plusieurs variables dans la partie gauche de l'écran et cliquez ensuite sur la flèche pour les retenir comme les variables à analyser. Dans notre exemple, nous avons choisi de calculer les fréquences pour chaque valeur possible de la variable **sexe** du répondant.

L'option **S**TATISTIQUES **/ S**TATISTICS vous permet, entre autres, de compter le nombre d'occurrences de chaque valeur de la variable sélectionnée.

Fenêtre de sélection des mesures de tendance centrale et de dispersion

Le nombre de tableaux obtenus sera égal à celui des variables sélectionnées (fréquence). Nous avons volontairement omis de produire d'autres statistiques, mais nous vous invitons à essayer cette option. En cliquant sur **OK**, vous obtenez le tableau ci-après dans la fenêtre **RÉSULTATS SPSS VIEWER / OUTPUT SPSS VIEWER**, là où s'afficheront également tous les prochains résultats de calculs.

Sexe du répondant

		Effectifs	Pourcentage	Pourcentage valide	Pourcentage cumulé
Valide	Femme	5	45.5	45.5	45.5
	Homme	6	54.5	54.5	100.0
	Total	11	100.0	100.0	

*Tableau des fréquences des valeurs possibles de la variable **sexe** du répondant*

L'option **D**IA**G**RAMMES **/ C**HARTS vous permet de visualiser la distribution sous forme graphique pour une meilleure interprétation. Son choix vous conduit à l'écran qui suit.

Fenêtre de définition des graphiques de la distribution des fréquences

Choisissez le genre de graphique qui est conforme aux analyses que vous êtes en train d'effectuer (les particularités des graphiques seront davantage abordées au chapitre 5), puis cliquez sur **POURSUIVRE / CONTINUE** et ensuite sur **OK** dans le menu suivant. Si vos choix sont les mêmes que ceux de l'écran ci-dessus, et si vous avez choisi la variable **sexe** du répondant, vous devriez obtenir le graphique à barres ci-bas.

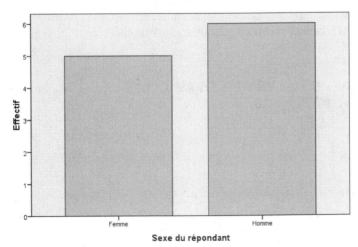

Distribution des fréquences selon le sexe des répondants

3.2. Autres statistiques descriptives

La commande **ANALYSE / ANALYZE** vous permet de faire plusieurs autres calculs statistiques, dont une partie seulement seront décrits ici.

3.2.1. Option Rapports / Reports de la commande ANALYSE / ANALYZE

Lorsque vous sélectionnez cette option, vous obtenez un écran qui contient les sous-commandes suivantes.

Options de la sous-commande Rapports / Reports

3.2.1.1. Cubes OLAP / OLAP Cubes

CUBES OLAP / OLAP (ONLINE ANALYTICAL PROCESSING) CUBES vous permet d'effectuer divers calculs statistiques : total, moyenne, médiane, minimum, étendue et autres statistiques univariées pour les variables continues agrégées à l'intérieur de variables catégoriques sur lesquelles se fait le regroupement. Chaque variable faisant partie du regroupement constitue une dimension dans la représentation graphique des résultats.

Pour obtenir les cubes OLAP :

1. Choisissez **CUBES OLAP / OLAP CUBES** dans le sous-menu **RAPPORTS / REPORTS**, ce qui affichera l'écran ci-après.

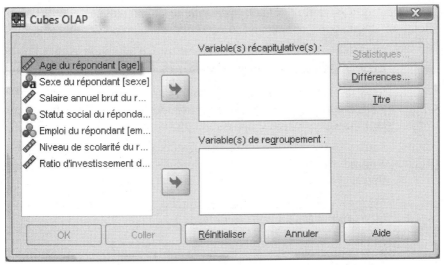

Fenêtre des cubes OLAPs

2. Sélectionnez une ou plusieurs variables continues dont vous voulez faire l'agrégation et cliquez sur la flèche du haut pour les placer dans **Variable(s) récapitulative(s) / Summary Variable(s)**.

3. Choisissez d'autres variables catégoriques de regroupement et mettez-les dans la partie **Variable(s) de regroupement / Grouping Variable(s)**.

Si vous le désirez, vous pouvez choisir les statistiques que vous voulez calculer dans l'option **Statistiques / Statistics**, et changer le titre de la table des résultats avec l'option **Titre / Title**.

Par exemple, on peut vouloir calculer la somme des ventes (variable continue) par région (variable catégorique) et par gamme de produits à l'intérieur de chaque région (deuxième niveau de regroupement à l'intérieur de la variable région).

3.2.1.2. Récapitulatif des observations / Case Summaries

Cette option de SPSS permet de calculer des statistiques agrégées sur des variables groupées en catégories. Les statistiques agrégées pour chaque variable et dans toutes les catégories de la variable, ainsi que toutes les valeurs correspondant à chaque observation de la catégorie concernée, sont également affichées.

Dans notre exemple, nous allons calculer le salaire moyen des répondants selon leur statut social et leur niveau de scolarité.

1. Choisissez l'option **RÉCAPITULATIF DES OBSERVATIONS / CASE SUMMARIES** du sous-menu **RAPPORTS / REPORTS**.

2. Sélectionnez **salaire du répondant** comme variable sur laquelle s'effectuera l'agrégation (la moyenne, dans ce cas-ci) et cliquez sur la première flèche dirigée vers la droite.

3. Sélectionnez les variables **statut social** et **niveau de scolarité** comme variables de regroupement et cliquez sur la deuxième flèche.

4. Cliquez sur l'option **STATISTIQUES / STATISTICS** et choisissez **MOYENNE / MEAN** pour calculer la moyenne.

Si vous voulez changer le titre de la table, cliquez sur **OPTIONS / OPTIONS** et inscrivez le titre de votre choix dans la partie réservée à cette fin.

Pour avoir la liste de tous les cas dans chaque catégorie, assurez-vous que l'option **AFFICHER LES OBSERVATIONS / DISPLAY CASES** est cochée. Après avoir fait tous vos choix, vous devriez avoir un écran semblable à ce qui suit.

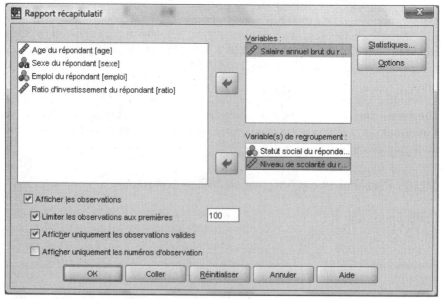

Options de la commande Récapitulatif des observations

Il ne vous reste qu'à cliquer sur **POURSUIVRE / CONTINUE** et **OK** pour faire afficher vos résultats, dont la partie qui nous intéresse le plus devrait ressembler au tableau suivant.

Récapitulatif des observations[a]

						Salaire annuel brut du répondant
Statut social du répondant	Marié(e)	Niveau de scolarité du répondant	Secondaire	1		25000
				Total	N	1
					Moyenne	25000.00
			Collégial	1		26500
				2		37000
				Total	N	2
					Moyenne	31750.00
			Universitaire 1er cycle	1		29800
				Total	N	1
					Moyenne	29800.00
			Total	N		4
					Moyenne	29575.00
	Célibataire	Niveau de scolarité du répondant	Universitaire 1er cycle	1		27500
				Total	N	1
					Moyenne	27500.00
			Universitaire 2ième cycle	1		34000
				2		29550
				Total	N	2
					Moyenne	31775.00
			Collégial	1		28000
				2		27500
				Total	N	2
					Moyenne	27750.00
			Total	N		5
					Moyenne	29310.00
	Divorcé(e)	Niveau de scolarité du répondant	Universitaire 3ième cycle	1		49000
				Total	N	1
					Moyenne	49000.00
			Collégial	1		24000
				Total	N	1
					Moyenne	24000.00
			Total	N		2
					Moyenne	36500.00
	Total	N				11
		Moyenne				30713.64

a. Limité aux 100 premières observations

Rapport récapitulatif des observations

3.2.1.3. Rapport Tableaux de bord en lignes / Report Summaries in Rows

Cette option vous permet de produire des rapports où les différentes statistiques d'agrégation sont affichées horizontalement. Les listes de cas sont également affichées avec ou sans statistiques d'agrégation. Le choix de cette option vous amène à l'écran suivant.

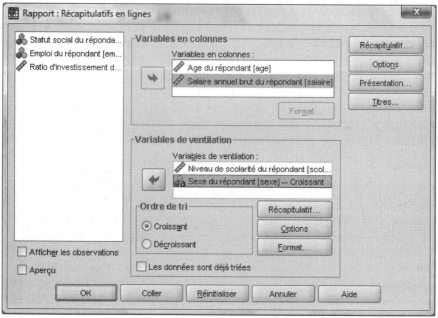

Option de la sous-commande Rapport Tableaux de bord en lignes

Insérez dans la partie **VARIABLES EN COLONNES / DATA COLUMNS VARIABLES** les variables dont vous voulez calculer les statistiques (âge et salaire moyens des répondants, dans notre cas) et, dans **VARIABLES DE VENTILATION / BREAK COLUMNS VARIABLES**, celles qui divisent le rapport en groupes (par niveau de scolarité et ensuite par sexe des répondants). Pour chaque variable que vous entrez dans cette partie, vous pouvez déterminer les différentes statistiques d'agrégation en choisissant l'option **RÉCAPITULATIF / SUMMARY** (pour cet exercice, il s'agit de la moyenne, du minimum, du maximum et du nombre d'occurrences). Vous pouvez aussi trier par ordre croissant ou décroissant les catégories des variables de regroupement (**ORDRE DE TRI / SORT SEQUENCE**), et changer les titres de colonnes et leur alignement (**FORMAT**). L'option **RÉCAPITULATIF / SUMMARY** vous permet de définir les statistiques qui seront affichées à la fin du rapport, l'orientation du rapport, le titre et la pagination du rapport (**PRÉSENTATION / LAYOUT** et **TITRES / TITLES**). Cochez l'option **AFFICHER LES OBSERVATIONS / DISPLAY CASES** si vous voulez afficher tous les cas de chacune des catégories. Si le rapport comporte des variables de regroupement, ces données sont triées par ces mêmes variables, mais il serait avantageux de cocher l'option **LES DONNÉES SONT DÉJÀ TRIÉES / DATA ARE ALREADY SORTED** si c'est le cas.

À titre d'exemple nous allons produire un rapport statistique qui affiche, par niveau de scolarité et par sexe du répondant (variables de ventilation ou *break columns*), la moyenne, le minimum, le maximum et le nombre de cas, l'âge et le salaire des répondants (variables sur lesquelles se fait l'agrégation ou *data columns*). En cliquant sur **OK**, vous devriez obtenir le rapport qui suit.

```
                                                                 Page      1

                                                                  Salaire
                                                               annuel brut
                                       Sexe du      Age du              du
Niveau de scolarité du                 répondant    répondant   répondant
répondant (scolarit)                   (sexe)       (age)       (salaire)

Secondaire                             Homme              27         25000
                                       Mean               27         25000
                                       Minimum            27         25000
                                       Maximum            27         25000
                                       N                   1             1

Collégial                              Femme              41         24000
                                       Mean               41         24000
                                       Minimum            41         24000
                                       Maximum            41         24000
                                       N                   1             1

                                       Homme              25         26500
                                                          24         28000
                                                          33         37000
                                                          55         27500
                                       Mean               34         29750
                                       Minimum            24         26500
                                       Maximum            55         37000
                                       N                   4             4

Universitaire 1er cycle                Femme              34         29800
                                       Mean               34         29800
                                       Minimum            34         29800
                                       Maximum            34         29800
                                       N                   1             1

                                       Homme              29         27500
                                       Mean               29         27500
                                       Minimum            29         27500
                                       Maximum            29         27500
                                       N                   1             1

Universitaire 2e cycle                 Femme              38         34000
                                                          40         29550
                                       Mean               39         31775
                                       Minimum            38         29550
                                       Maximum            40         34000
                                       N                   2             2

Universitaire 3e cycle                 Femme              31         49000
                                       Mean               31         49000
                                       Minimum            31         49000
                                       Maximum            31         49000
                                       N                   1             1
```

Output de la commande Rapport Tableaux de bord en lignes

3.2.1.4. Rapport Tableaux de bord en colonnes / Report Summaries in Columns

Cette option produit des rapports d'agrégation où les différentes statistiques apparaissent dans des colonnes séparées.

Comme cette option ressemble beaucoup à celle que nous venons de voir, nous allons seulement expliquer les différences qui ne sont pas apparentes pour vous. L'écran suivant montre les options de la commande après avoir choisi les variables **age** et **salaire** comme variables sur lesquelles se feront les calculs statistiques, et **niveau de scolarité** et **sexe** comme variables de regroupement.

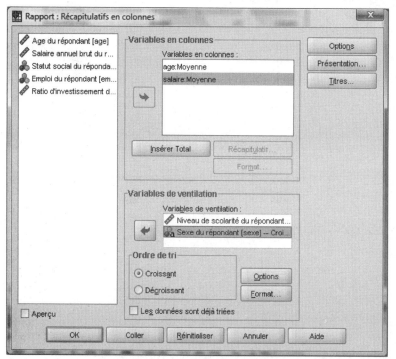

Option de la sous-commande Rapport Tableaux de bord en colonnes

Dans **VARIABLES EN COLONNES / DATA COLUMN VARIABLES**, vous ne pouvez pas sélectionner plus d'une statistique, comme c'était le cas précédemment. En effet, en choisissant **RÉCAPITULATIF / SUMMARY**, vous avez le choix d'une seule option (ici, nous voulons calculer la moyenne des âges et salaires des répondants par niveau de scolarité et par sexe des répondants). Notez que, si vous avez deux ou plusieurs colonnes dont vous voulez calculer le total, vous pouvez le faire en utilisant l'option **INSÉRER TOTAL / INSERT**

TOTAL (une option qui ne figurait pas dans l'option **RAPPORT TABLEAUX DE BORD EN LIGNES / REPORT SUMMARIES IN ROWS**). Le reste de l'écran vous est déjà familier.

Lorsque vous avez terminé, cliquez sur **OK** pour obtenir le rapport désiré, qui ressemble au texte qui suit.

Niveau de scolarité du répondant (scolarit)	Sexe du répondant (sexe)	Age du répondant (age) Mean	Salaire annuel brut du répondant (salaire) Mean
Secondaire	Homme	27	25000
Collégial	Femme	41	24000
	Homme	34	29750
Universitaire 1er cycle	Femme	34	29800
	Homme	29	27500
Universitaire 2e cycle	Femme	39	31775
Universitaire 3e cycle	Femme	31	49000

Note : La liste des cas par catégories est absente du rapport.

3.2.2. Option Statistiques descriptives / Descriptive Statistics de la commande **ANALYSE / ANALYZE**

Cette option du menu **ANALYSE / ANALYZE** vous permet d'effectuer d'autres statistiques descriptives, en plus des fréquences dont nous avons déjà parlé plus haut. Ces statistiques peuvent être obtenues à partir des options figurant dans l'écran ci-dessous.

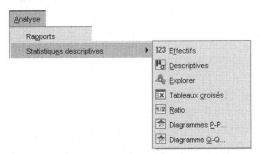

Options de la sous-commande Statistiques descriptives

3.2.2.1. Descriptives

L'option **DESCRIPTIVES** vous permet d'obtenir des statistiques agrégées univariées pour plusieurs variables dans une seule table, ainsi que de calculer des valeurs standardisées. Dans notre exemple, nous allons produire des statistiques sur les variables **age**, **salaire** et **ratio d'investissement des répondants**, comme l'indique l'écran ci-dessous, obtenu par la commande **STATISTIQUES DESCRIPTIVES / DESCRIPTIVE STATISTICS** du menu **ANALYSE / ANALYZE** et l'option **DESCRIPTIVES**.

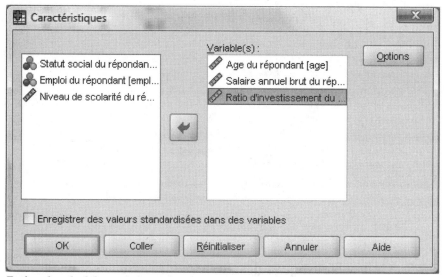

Fenêtre de calcul des statistiques descriptives

Lorsque vous avez choisi les variables pour lesquelles vous voulez calculer les statistiques, cliquez sur **OPTIONS** pour préciser les statistiques que vous voulez produire. Dans cet exemple, nous allons calculer la moyenne, l'écart-type, le minimum et le maximum. Choisissez ces options en les cochant dans les cases appropriées. Cliquez ensuite sur **POURSUIVRE / CONTINUE**, puis sur **OK**. Vous obtenez ainsi le rapport ci-dessous.

Statistiques descriptives

	N	Minimum	Maximum	Moyenne	Ecart type
Age du répondant	11	24	55	34.27	8.979
Salaire annuel brut du répondant	11	24000	49000	30713.64	7144.162
Ratio d'investissement du répondant	11	2.8	6.5	5.173	1.2924
N valide (listwise)	11				

Rapport des statistiques descriptives

3.2.2.2. Explorer / Explore

Cette option produit des statistiques sous forme de tableaux ou de graphiques, que ce soit pour tous les cas observés ou pour des groupes séparés. Comme son nom l'indique, le but de cette option est de permettre l'exploration des données avant leur traitement. Elle sert plus précisément à relever l'existence des données hors normes ou des valeurs extrêmes, à vérifier certaines hypothèses faites sur les données, ou à toute autre opération de vérification des données. L'exploration de données peut aider à déterminer si les techniques statistiques qu'on veut utiliser pour une analyse en particulier sont appropriées. Par exemple, si la technique d'analyse utilisée demande que la distribution de données soit normale, l'exploration de données peut conduire à la transformation des données afin de rendre celles-ci compatibles avec la technique en question.

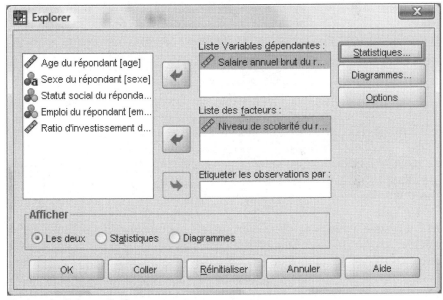

Fenêtre de dialogue Explorer

Dans notre exemple, nous voulons explorer les données sur les salaires en fonction du niveau de scolarité. Dans le menu **ANALYSE / ANALYZE**, choisissez la commande **STATISTIQUES DESCRIPTIVES / DESCRIPTIVE STATISTICS**, puis **EXPLORER / EXPLORE**. Cliquez sur la variable **salaire du répondant** et ensuite sur la flèche du haut pour indiquer qu'il s'agit d'une variable dépendante (vous pouvez choisir plus d'une variable dépendante). Sélectionnez ensuite la variable **niveau de scolarité** et cliquez sur la flèche du milieu pour indiquer que les salaires sont regroupés par niveau de scolarité.

L'option **ÉTIQUETER LES OBSERVATIONS PAR / LABEL CASES BY** vous permet de donner un nom descriptif à chaque cas au lieu d'indiquer sa séquence dans les données. Au besoin, l'option **STATISTIQUES / STATISTICS** à droite et en bas de l'écran vous permettra de sélectionner le type de statistiques désirées.

Chaque fois que vous affinez votre recherche en sélectionnant les options proposées dans la case **EXPLORER** / (p. ex., **STATISTIQUES / STATISTICS**), vous y revenez en cliquant sur **POURSUIVRE / CONTINUE** dans l'écran où vous vous trouvez (la fenêtre **STATISTIQUES / STATISTICS**). Produisez votre rapport en cliquant sur **OK** dans l'écran **EXPLORER** pour obtenir ce qui suit.

Descriptives[a,b]

Niveau de scolarité du répondant				Statistique	Erreur standard
Salaire annuel brut du répondant	Collégial	Moyenne		28600.00	2210.204
		Intervalle de confiance à 95% pour la moyenne	Borne inférieure	22463.49	
			Borne supérieure	34736.51	
		Moyenne tronquée à 5%		28388.89	
		Médiane		27500.00	
		Variance		2.442E7	
		Ecart-type		4942.166	
		Minimum		24000	
		Maximum		37000	
		Intervalle		13000	
		Intervalle interquartile		7250	
		Asymétrie		1.673	.913
		Aplatissement		3.414	2.000
	Universitaire 1er cycle	Moyenne		28650.00	1150.000
		Intervalle de confiance à 95% pour la moyenne	Borne inférieure	14037.86	
			Borne supérieure	43262.14	
		Moyenne tronquée à 5%			
		Médiane		28650.00	
		Variance		2645000.000	
		Ecart-type		1626.346	
		Minimum		27500	
		Maximum		29800	
		Intervalle		2300	
		Intervalle interquartile			
		Asymétrie		.	
		Aplatissement		.	
	Universitaire 2ième cycle	Moyenne		31775.00	2225.000
		Intervalle de confiance à 95% pour la moyenne	Borne inférieure	3503.69	
			Borne supérieure	60046.31	
		Moyenne tronquée à 5%			
		Médiane		31775.00	
		Variance		9901250.000	
		Ecart-type		3146.625	
		Minimum		29550	
		Maximum		34000	
		Intervalle		4450	
		Intervalle interquartile			
		Asymétrie		.	
		Aplatissement		.	

a. Salaire annuel brut du répondant est une constante lorsque Niveau de scolarité du répondant = Secondaire. Elle a été omise.

b. Salaire annuel brut du répondant est une constante lorsque Niveau de scolarité du répondant = Universitaire 3ième cycle. Elle a été omise.

Rapport de la commande Explorer

3.2.2.3. Tableaux croisés / Crosstabs

Le premier calcul consiste à créer un tableau croisé en utilisant deux variables. Le tableau croisé affichera le résultat de la variable **emploi** par rapport à la variable **scolarité**. Cliquez sur le menu **ANALYSE / ANALYZE**, puis sur la commande **STATISTIQUES DESCRIPTIVES / DESCRIPTIVE STATISTICS**. Ensuite, sélectionnez la sous-commande **TABLEAUX CROISÉS / CROSSTABS**. La fenêtre de définition suivante apparaît.

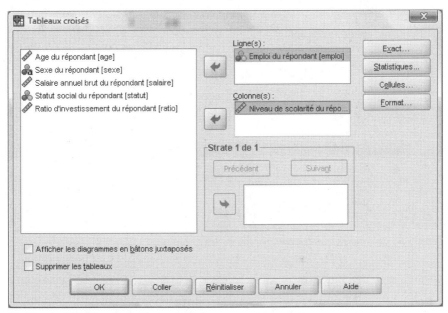

Fenêtre de définition des tableaux croisés

La première étape consiste à choisir la ou les variables qui seront disposées en lignes et en colonnes. Cliquez sur la variable **emploi** afin de la sélectionner. Les catégories de cette variable seront disposées en lignes. Cliquez sur la flèche qui pointe vers la droite à la gauche du rectangle **LIGNE(S) / ROW(S)**. Faites la même chose pour la variable **scolarité**, mais cette fois dirigez-la vers le rectangle **COLONNE(S) / COLUMN(S).** Une fois les variables sélectionnées, il vous est possible d'ajouter des statistiques supplémentaires aux tableaux croisés. Pour accéder à ces statistiques, cliquez sur le bouton **STATISTIQUES / STATISTICS**.

Fenêtre de statistiques supplémentaires des tableaux croisés

Cette fenêtre affiche tous les calculs statistiques qui peuvent être ajoutés à un tableau croisé. Pour sélectionner un calcul particulier, il suffit de cliquer dans le carré correspondant au calcul désiré. À titre d'exemple, activez le calcul des statistiques suivantes : **LAMBDA, GAMMA, CHI-DEUX (CHI-SQUARE)** et **KAPPA**. Pour fermer cette fenêtre, cliquez sur le bouton **POURSUIVRE / CONTINUE**. Il est important de noter que, dans cet exemple utilisant des données fictives, les résultats obtenus par ces différents calculs statistiques ne seront pas interprétés.

De retour à la fenêtre de définition des tableaux croisés, cliquez sur le bouton **OK** afin de lancer l'exécution du tableau croisé. Voyez à la page suivante ce qui devrait maintenant être affiché à votre écran.

Les résultats ne sont pas très évidents à l'intérieur de cette petite fenêtre. Par contre, en agrandissant la fenêtre au maximum, la vue d'ensemble des résultats est beaucoup plus appréciable. Si les résultats ne peuvent être affichés dans une seule et même fenêtre, utilisez l'ascenseur à la droite et en bas de la fenêtre pour vous déplacer.

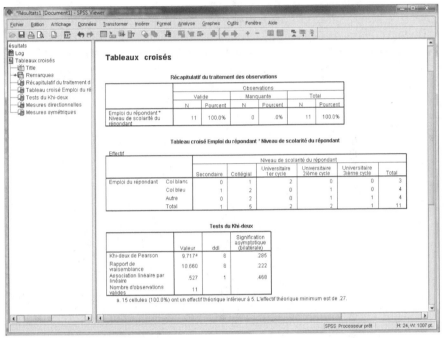

Résultat du tableau croisé

3.3. Calcul d'une moyenne conditionnée par plusieurs variables

Le troisième et dernier calcul consiste à calculer la moyenne d'une seule variable. La moyenne du salaire sera réalisée par rapport à chacun des types d'emploi et au sexe de la personne qui occupe l'emploi. Les variables utilisées sont le **salaire**, l'**emploi** et le **sexe**. Cliquez sur le menu **ANALYSE / ANALYZE**, puis cliquez sur la commande **COMPARER LES MOYENNES / COMPARE MEANS**. Ensuite, sélectionnez la sous-commande **MOYENNES / MEANS**. La fenêtre de définition apparaît alors.

Étant donné que le calcul de la moyenne se fait sur le salaire du répondant, cliquez sur cette variable et déplacez-la dans le rectangle de **LISTE VARIABLES DÉPENDANTES / DEPENDENT LIST**. La première variable indépendante est le sexe du répondant; déplacez donc cette variable dans le rectangle **LISTE VARIABLE INDÉPENDANTE / INDEPENDENT LIST**. Pour que les résultats soient regroupés d'une façon claire et lisible, il est nécessaire de créer au moins un niveau d'agrégation dans le rectangle **STRATE / LAYER**. Cliquez sur le bouton **SUIVANT / NEXT**; déplacez ensuite la seconde variable, c'est-à-dire celle de l'emploi, dans le rectangle **LISTE VARIABLE INDÉPENDANTE / INDEPENDENT LIST**. Une fois que les variables désirées sont placées aux bons endroits, cliquez sur le bouton **OPTIONS** pour accéder aux caractéristiques du calcul de la moyenne.

Fenêtre de définition de la moyenne

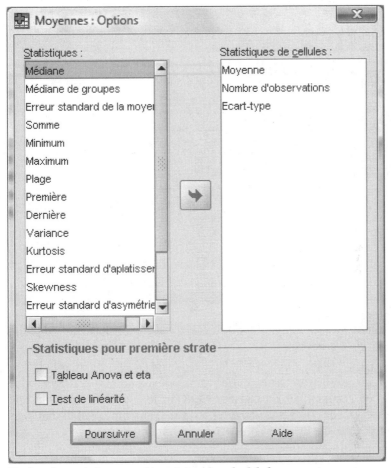

Fenêtre des statistiques supplémentaires du calcul de la moyenne

Comme dans les exemples précédents, il vous est possible d'ajouter de nouveaux calculs ou d'en supprimer certains. Les calculs sélectionnés sont ceux qui apparaissent dans la case **STATISTIQUES DE CELLULES / CELL STATISTICS**, à droite de la boîte de dialogue. Pour notre exemple, assurez-vous de sélectionner les options **MOYENNE (MEAN)**, **ÉCART-TYPE (STANDARD DEVIATION)** et **NOMBRE D'OBSERVATIONS (NUMBER OF CASES)**. Cliquez sur le bouton **POURSUIVRE / CONTINUE** pour revenir à la fenêtre précédente, et sur le bouton **OK** pour lancer l'exécution des calculs sélectionnés. Vous obtenez alors des résultats comme ceux de la figure ci-après.

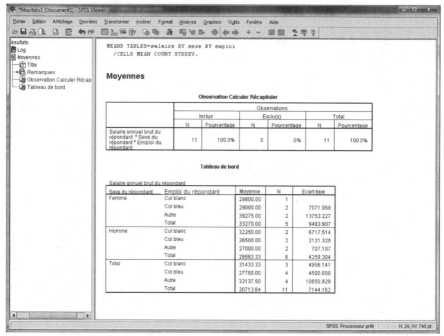

Résultat du calcul de la moyenne

Pour consulter le rapport en entier, vous pouvez le faire défiler à l'aide de la souris en pointant sur l'ascenseur situé sur le côté droit ou en bas du rapport. Vous pouvez comparer vos résultats avec ceux qui apparaissent dans la partie **TABLEAU DE BORD / REPORT** reproduite ci-après.

Tableau de bord

Salaire annuel brut du répondant

Sexe du répondant	Emploi du répondant	Moyenne	N	Ecart-type
Femme	Col blanc	29800.00	1	.
	Col bleu	29000.00	2	7071.068
	Autre	39275.00	2	13753.227
	Total	33270.00	5	9483.907
Homme	Col blanc	32250.00	2	6717.514
	Col bleu	26500.00	2	2121.320
	Autre	27000.00	2	707.107
	Total	28583.33	6	4259.304
Total	Col blanc	31433.33	3	4956.141
	Col bleu	27750.00	4	4500.000
	Autre	33137.50	4	10650.929
	Total	30713.64	11	7144.162

Rapport de moyennes

3.4. Enregistrement des résultats des calculs statistiques

Une fois tous les calculs statistiques réalisés, il est souhaitable de les enregistrer afin de pouvoir les consulter de nouveau. Le fichier qui est créé par SPSS pour Windows est un fichier de type ASCII, c'est-à-dire qu'il peut être récupéré et modifié peu importe le logiciel de traitement de texte utilisés (Word ou Wordperfect, par exemple). Par exemple, vous pourrez supprimer les statistiques inutiles, supprimer ou ajouter des titres, et ce, afin d'améliorer la compréhension et l'interprétation des résultats.

Pour enregistrer les résultats, la fenêtre **RÉSULTATS SPSS VIEWER / OUTPUT SPSS VIEWER** doit être active. Vous pouvez cliquer sur le bouton permettant d'enregistrer les résultats, ou exécuter l'option **ENREGISTRER SOUS / SAVE AS** du menu **FICHIER / FILE** et sélectionner le bon lecteur ainsi que le bon répertoire. Cela fait, dans le rectangle **NOM DU FICHIER / FILE NAME**, vous saisissez le nom que vous désirez donner à votre fichier. À titre d'exemple, nommez-le **SORTIE1**. Pour lancer l'enregistrement du fichier, cliquez sur le bouton **ENREGISTRER / SAVE**.

3.5. Impression des résultats des calculs statistiques

Les résultats peuvent être imprimés afin d'en vérifier l'exactitude. Il vous est possible d'imprimer uniquement la fenêtre des résultats. Lorsque cette fenêtre est active, cliquez sur le bouton d'impression ou exécutez l'option **IMPRIMER / PRINT** du menu **FICHIER / FILE**.

Fenêtre d'impression des résultats

Vous pouvez imprimer tous les résultats ou seulement une partie. En choisissant l'option **TOUS LES RÉSULTATS AFFICHÉS / ALL VISIBLE OUTPUT**, vous imprimez tous les résultats. En choisissant l'option **RÉSULTATS SÉLEC-TIONNÉES / SELECTED OUTPUT**, vous imprimez seulement les éléments qui ont été sélectionnés (encadrés en noir, ou en gras dans la feuille des résultats). Pour imprimer plusieurs exemplaires des résultats, cliquez dans le rectangle **NOMBRE DE COPIES / NUMBER OF COPIES** et saisissez le nombre d'exemplaires voulus. Si votre ordinateur est relié à plusieurs imprimantes, cliquez sur la flèche du rectangle **IMPRIMANTE / PRINTER** afin de sélectionner l'imprimante que vous désirez utiliser. Pour lancer l'impression, cliquez sur le bouton **OK**.

3.6. Modification des rapports SPSS pour Windows

Vous pouvez apporter quelques modifications au format et au contenu des tableaux des résultats de calculs statistiques, ou encore aux graphiques. Par exemple, réduisez la taille de la colonne **Moyenne (Mean)** dans le rapport du calcul de la moyenne obtenu plus haut jusqu'à ce que certains montants ne soient plus visibles. Pour ce faire, pointez la souris dans la partie du rapport que vous voulez modifier (dans notre exemple, c'est celle contenant les moyennes des salaires) et double-cliquez. Vous allez vous retrouver en mode édition, ce qui vous permettra, par un simple clic dans la colonne **Moyenne (Mean)**, de changer le contenu de celle-ci ou de réduire ou agrandir sa taille. Pour réduire la taille de cette colonne, glissez le pointeur de la souris sur une des lignes verticales autour des chiffres et amenez-la vers l'intérieur. Notez que le pointeur de la souris a changé de forme pour vous permettre d'agrandir ou de réduire la colonne. Vous obtiendrez alors un tableau semblable au suivant :

Mode d'édition du rapport des moyennes salariales par sexe et par catégorie d'emploi

Les options de la commande **ÉDITION / MODIFIER LE CONTENU (EDIT / EDIT CONTENT)** vous permettent d'apporter d'autres modifications, par exemple, le changement du titre du rapport. La commande **FORMAT**, elle, propose de modifier le format d'affichage du contenu des cellules du tableau.

Une mise en garde, cependant : le changement du contenu du tableau, à part le format de l'affichage, faussera l'interprétation.

Une autre façon de modifier vos rapports serait de double-cliquer sur la partie du rapport que vous voulez éditer.

3.7. Transfert des rapports SPSS dans un logiciel de traitement de texte (Word)

Pour diverses raisons, il arrive qu'on ait parfois besoin d'incorporer les résultats des calculs statistiques ou des graphiques dans un document de traitement de texte tel Word ou Wordperfect, ou dans tout autre type de document.

Les exemples qui suivent concernent l'incorporation des rapports SPSS pour Windows dans un document créé avec Word. Les commandes nécessaires pour le transfert peuvent être obtenues en cliquant d'abord sur la partie du rapport que l'on désire transférer et, ensuite, en enfonçant le bouton droit de la souris. Ces commandes sont listées ci-dessous.

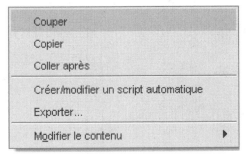

Commande de transfert de rapport dans d'autres programmes

Nous verrons ici les commandes **COPIER / COPY** et **EXPORTER / EXPORT**. Nous vous laissons le soin d'essayer les autres commandes si vous le désirez.

L'étape suivante consistera à choisir parmi les commandes d'édition de Word celles qui répondent à vos besoins. Dans cet exemple, nous utiliserons les commandes COLLER APRÈS / PASTE AFTER et COLLAGE SPÉCIAL / PASTE SPECIAL..., auxquelles on accède par la commande ÉDITION / EDIT du menu des commandes Word. Nous allons ainsi combiner les commandes, comme le montre le tableau ci-après.

Commandes SPSS pour Windows	Commandes Word	
Copier / Copy	Coller / Paste	
	Collage spécial / Paste Special	1. Texte mis en forme 2. Texte sans mise en forme 3. Texte en image
Exporter / Export		

3.7.1. COPIER/COLLER (COPY/PASTE)

L'application de la commande COPIER (COPY) au rapport de comparaison des moyennes vu plus haut, suivie de la commande COLLER (PASTE) de Word, produit le tableau ci-après.

Tableau de bord

Salaire annuel brut du répondant

Sexe du répondant	Emploi du répondant	Moyenne	Écart-type
Femme	Col blanc	29800.00	.
	Col bleu	29000.00	7071.068
	Autre	39275.00	13753.227
	Total	33270.00	9483.907
Homme	Col blanc	32250.00	6717.514
	Col bleu	26500.00	2121.320
	Autre	27000.00	707.107
	Total	28583.33	4259.304
Total	Col blanc	31433.33	4956.141
	Col bleu	27750.00	4500.000
	Autre	33137.50	10650.929
	Total	30713.64	7144.162

Résultats des commandes Copier de SPSS et Coller de Word

Vous constaterez que ce tableau, dans Word, a conservé les bordures qu'il avait dans SPSS et les fonctions de mise en forme, comme la possibilité d'élargir les colonnes. Vous pouvez toutefois manipuler les bordures comme vous le feriez dans un tableau Word. Nous vous invitons à faire un essai pour vous en convaincre.

En suivant cet exemple pour les autres commandes, vous obtenez les tableaux des sections allant jusqu'à 3.7.4

3.7.2. COPIER/COLLAGE SPÉCIAL (COPY/PASTE SPECIAL) / Texte mis en forme

Toujours dans notre exemple de calcul des moyennes conditionnées par plusieurs variables, le tableau suivant est le résultat des commandes COPIER (COPY) de SPSS et COLLAGE SPÉCIAL (PASTE SPECIAL) de Word / TEXTE MIS EN FORME (RTF).

Tableau de bord

Salaire annuel brut du répondant

Sexe du répondant	Emploi du répondant	Moyenne	Écart-type
Femme	Col blanc	29800.00	.
	Col bleu	29000.00	7071.068
	Autre	39275.00	13753.227
	Total	33270.00	9483.907
Homme	Col blanc	32250.00	6717.514
	Col bleu	26500.00	2121.320
	Autre	27000.00	707.107
	Total	28583.33	4259.304
Total	Col blanc	31433.33	4956.141
	Col bleu	27750.00	4500.000
	Autre	33137.50	10650.929
	Total	30713.64	7144.162

Copier de SPSS et Collage spécial de Word/texte mis en forme (RTF)

Comme dans le cas du collage simple, le tableau garde toutes ses polices et formats, et l'on peut manipuler le tableau comme on le fait normalement dans Word.

3.7.3. COPIER/COLLAGE SPÉCIAL (COPY/PASTE SPECIAL) / Texte sans mise en forme

```
        Tableau de bord
Salaire annuel brut du répondant
Sexe du répondant  Emploi du répondant  Moyenne  Ecart-type
Femme  Col blanc    29800.00      .
       Col bleu     29000.00    7071.068
       Autre                    39275.00   13753.227
       Total                    33270.00    9483.907
Homme  Col blanc    32250.00    6717.514
       Col bleu     26500.00    2121.320
       Autre                    27000.00     707.107
       Total                    28583.33    4259.304
Total  Col blanc    31433.33    4956.141
       Col bleu     27750.00    4500.000
       Autre                    33137.50   10650.929
       Total                    30713.64    7144.162
```

Note : Le rapport est devenu un texte sans mise en forme.

3.7.4. COPIER/COLLAGE SPÉCIAL (COPY/PASTE SPECIAL) / image (métafichier Windows)

Tableau de bord

Salaire annuel brut du répondant

Sexe du répondant	Emploi du répondant	Moyenne	Ecart-type
Femme	Col blanc	29800.00	.
	Col bleu	29000.00	7071.068
	Autre	39275.00	13753.227
	Total	33270.00	9483.907
Homme	Col blanc	32250.00	6717.514
	Col bleu	26500.00	2121.320
	Autre	27000.00	707.107
	Total	28583.33	4259.304
Total	Col blanc	31433.33	4956.141
	Col bleu	27750.00	4500.000
	Autre	33137.50	10650.929
	Total	30713.64	7144.162

Ce tableau est une image de sa contrepartie en SPSS. Le résultat est comme celui obtenu par **COPIER COMME IMAGE / COPY OBJECTS** (voir la section 3.7.5).

3.7.5. EXPORTER / EXPORT

Le choix de cette option, à partir du menu **FICHIER / FILE**, vous conduit à l'écran qui apparaît à la page suivante.

Cette option vous permet de créer un autre document Word, ou tout autre document, à partir du rapport SPSS. Pour ce faire, vous devez choisir, dans la partie supérieure de l'écran, si vous voulez exporter un graphique, un rapport sans graphique ou un rapport avec ses graphiques. Dans la partie au milieu de l'écran, vous indiquez le nom du fichier de destination ainsi que son emplacement. Vous devez aussi préciser si vous voulez exporter tous les objets du rapport, uniquement les objets visibles ou plutôt ceux que vous allez sélectionner vous-même. Dans la partie **TYPE**, vous indiquez le type de fichier que vous désirez obtenir (HTML, Word, PDF, etc.). Le choix d'un type particulier suppose que vous disposez du logiciel qui va lire votre fichier.

Options de Exporter résultats

4 Statistiques sous forme de graphiques

*Avec la version Windows de SPSS, il vous est possible de créer des graphiques sous plusieurs formes. Dans ce chapitre, les graphiques en forme de colonnes (histogrammes), en lignes et en pointes de tarte seront expliqués. Ils sont très simples à créer et à personnaliser. Notez que les graphiques présentés résultent de données fictives et que ce guide ne vise pas à faire l'interprétation des graphiques. Tous les graphiques présentés dans cette section sont construits à partir du menu **GRAPHES / GRAPHS**. Dans un premier temps, nous regarderons les graphiques qui s'appliquent à toutes les versions de SPSS. Dans un deuxième temps, nous examinerons le nouvel assistant graphique qui est disponible à partir de la version 16.0. Lorsqu'un graphique est créé, on peut le visionner dans la fenêtre **RÉSULTATS SPSS VIEWER**, et ce, à la suite des analyse précédante. C'est dans cette fenêtre que tous les graphiques créés sont stockés.*

4.1. Création d'un graphique en forme de colonnes (histogramme)

Le premier graphique, un histogramme, enregistrera la scolarité des répondants. Sur l'axe « **X** », les différents niveaux de scolarité seront affichés, tandis que sur l'axe « **Y** » ce sera le nombre de répondants. Pour créer ce graphique, exécutez l'option **BÂTONS / BAR** qui se retrouve dans le menu **GRAPHES / GRAPHS** et le sous-menu **BOÎTES DE DIALOGUE ANCIENNE VERSION / LEGACY DIALOGS**.

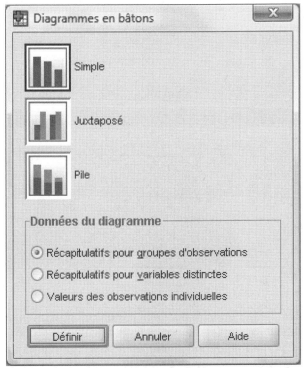

Fenêtre de création d'un histogramme

Cette fenêtre se divise en deux parties. La partie du haut permet de choisir le type d'histogramme, tandis que la partie du bas permet de sélectionner le type de regroupement d'observations ou de variables. En fonction du type de regroupement, la fenêtre de création du graphique varie quelque peu. Cliquez sur le type de graphique **SIMPLE**. Le type de regroupement des données est correct (**RÉCAPITULATIFS POUR GROUPES D'OBSERVATIONS / SUMMARIES FOR GROUPS OF CASES**). Pour passer à la définition du graphique, cliquez sur le bouton **DÉFINIR / DEFINE**.

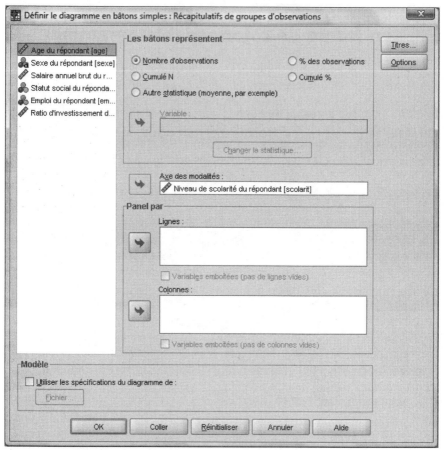

Définition des paramètres de l'histogramme

La fenêtre se divise en quatre grandes sections. La première section, à la gauche de la fenêtre, contient les variables disponibles. La deuxième section, dans le haut de la fenêtre, permet de définir la représentation des barres de l'histogramme. La troisième section, au centre de la fenêtre, permet de sélectionner la variable qui sera représentée sur l'axe « X ». Finalement, la quatrième section, la partie au bas de la fenêtre, permet de définir des formats particuliers pour le graphique. Cette dernière section est très peu utilisée.

Dans le coin supérieur droit, il y a deux boutons ; le premier, **T**ITRES / **T**ITLES, permet de donner différents titres aux graphiques et aux axes. Le second, **O**PTIONS, permet de modifier certaines options reliées aux valeurs manquantes (*missing values*).

La première étape consiste à sélectionner le champ pour lequel le graphique sera effectué. Comme il a été mentionné au début de cette section, le graphique concerne la scolarité; la variable est donc **scolarité**. Cliquez sur cette variable afin de la sélectionner, puis sur la flèche pointant vers la droite à gauche du rectangle **AXE DES MODALITÉS / CATEGORY AXIS**. Étant donné que le graphique affiche le nombre de répondants pour chacune des catégories de scolarité, il n'est pas nécessaire de modifier l'option déjà sélectionnée dans **LES BÂTONS REPRÉSENTENT / BARS REPRESENT**, c'est-à-dire **NOMBRE D'OBSERVATIONS / N OF CASES**. Cliquez sur le bouton **TITRES / TITLES** afin de donner des titres au graphique.

Définition des titres de graphiques

Vous disposez de cinq lignes pour les titres. Les trois premières sont positionnées en haut (deux lignes pour **TITRE / TITLE** et une ligne pour **SOUS-TITRE / SUBTITLE**) du graphique, tandis que les deux dernières sont en bas (**NOTE DE BAS DE PAGE / FOOTNOTE**). Tapez les titres suivants :

Titre du graphique
    LIGNE 1 :   Représentation de la scolarité
    LIGNE 2 :   de la population
Sous-titre du graphique
    SOUS-TITRE :   pour 1995
Pied du graphique
    LIGNE 1 :   Tous droits réservés
    LIGNE 2 :   UQAM

Une fois les titres saisis, cliquez sur le bouton **POURSUIVRE / CONTINUE** afin de revenir à la fenêtre de définition du graphique. Pour lancer la création du graphique, cliquez sur le bouton **OK**.

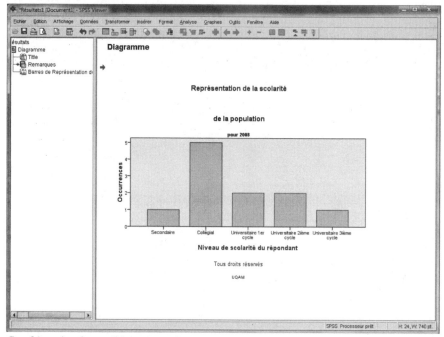

Graphique à colonne (histogramme)

Le graphique correspond bien aux données ainsi qu'aux particularités demandées. Si vous observez bien l'écran, vous verrez que les menus ont été modifiés, ainsi que la barre des boutons de commandes. Ces deux derniers éléments permettent de traiter les graphiques plus agréablement, la modification des graphiques étant une tâche longue et complexe. Si vous désirez tenter l'expérience, vous n'avez qu'à placer le pointeur de la souris sur le graphique et à cliquer sur le bouton droit de la souris. Un menu s'offre à vous. Sélectionnez **MODIFIER LE CONTENU DANS UNE FENÊTRE DISTINCTE / EDIT CONTENT IN SEPARATE WINDOW**. Le graphique apparaît maintenant dans la fenêtre **ÉDITEUR DE DIAGRAMMES / CHART EDITOR**. Vous pouvez y apporter les modifications nécessaires. Pour retourner au tableau de données, réduisez la fenêtre en cliquant sur le bouton carré en haut à la droite de l'écran.

4.2. Création d'un graphique en forme de lignes

La création d'un graphique en forme de lignes se fait de la même manière que celle du graphique en forme de colonnes. Le graphique créé ici montrera la relation entre l'emploi et la statut social du répondant. Pour créer ce graphique, exécutez l'option **COURBES / LINE** qui se retrouve dans le menu **GRAPHES / GRAPHS** et le sous-menu **BOÎTES DE DIALOGUE ANCIENNE VERSION / LEGACY DIALOGS**.

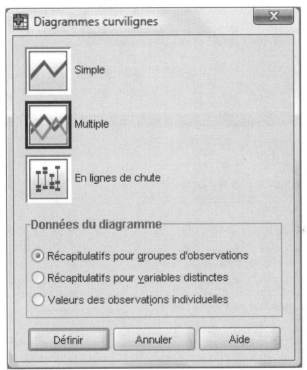

Fenêtre de création d'un graphique en forme de lignes

La fenêtre ci-dessus est semblable à celle déjà décrite à la section précédente. Reportez-vous-y pour de plus amples détails. Ce graphique comporte deux variables, soit **scolarité** et **emploi**. Cela vous oblige à utiliser le graphique **MULTIPLE**. Cliquez sur ce dernier pour le sélectionner, puis sur le bouton **DÉFINIR / DEFINE** pour définir le graphique.

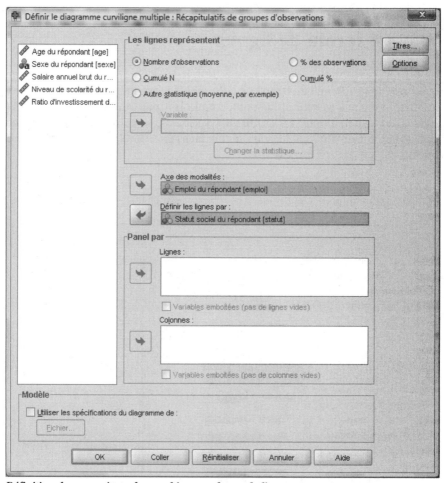

Définition des paramètres du graphique en forme de lignes

La fenêtre de définition est exactement la même que celle de l'histogramme. La seule exception apparaît dans le centre de l'écran, où un endroit est réservé à la définition de la variable qui sera représentée par des lignes. Pour de plus amples renseignements concernant cette fenêtre, consultez la section précédente.

Sur l'axe des « **X** », la variable de l'emploi sera utilisée, tandis que sur l'axe « **Y** » ce sera celle du statut social. Déplacez donc la variable **emploi** dans le rectangle **AXE DES MODALITÉS / CATEGORY AXIS** et la variable **statut** dans le rectangle **DÉFINIR LES LIGNES PAR / DEFINE LINES BY**. Ce graphique n'aura pas de titre, afin de lui laisser plus d'espace. Une fois la définition terminée, cliquez sur le bouton **OK** pour lancer la création du graphique.

Le graphique présenté ici est un peu différent de celui que vous devriez avoir obtenu. La raison en est fort simple : le graphique en forme de lignes utilise des couleurs différentes pour chacune des lignes. Étant donné que ce document est imprimé en noir et blanc, vous n'auriez pas été en mesure de voir les différentes lignes. Le graphique a donc été retouché dans l'éditeur de graphiques.

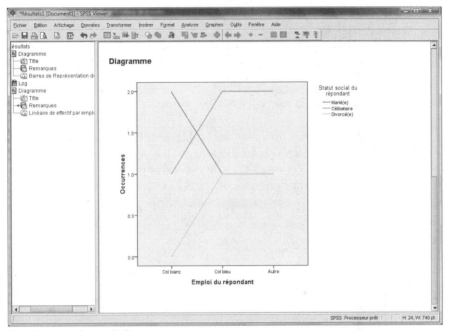

Graphique en forme de lignes

4.3 Création d'un graphique en pointes de tarte

Les graphiques en pointes de tarte sont très répandus, car ils représentent la proportion de chacune des modalités d'une variable. Dans l'exemple qui suit, la représentation des niveaux de scolarité des répondants sera affichée sous forme de tarte. Chaque niveau correspond à une pointe. Pour créer ce graphique, exécutez l'option **SECTEUR / PIE** qui se retrouve dans le menu **GRAPHES / GRAPHS** et le sous-menu **BOÎTES DE DIALOGUE ANCIENNE VERSION / LEGACY DIALOGS**.

La fenêtre de sélection est différente des deux autres types de graphiques vus précédemment (histogramme et en lignes). Dans la « tarte », il existe trois possibilités de regroupement des données. Pour la création du graphique dont nous avons besoin, l'option **RÉCAPITULATIFS POUR GROUPES D'OBSERVA-TIONS / SUMMARIES FOR GROUPS OF CASES** doit être sélectionnée. Pour lancer la définition du graphique, cliquez sur le bouton **DÉFINIR / DEFINE**.

Fenêtre de séléction du type de graphique en forme de pointes de tarte

La fenêtre de définition est semblable à celle des graphiques vus précédemment (histogramme et en lignes) ; seulement, les axes ont été remplacés par des secteurs. Reportez-vous aux sections précédentes pour de plus amples détails concernant la fenêtre de définition du graphique.

Fenêtre de définition du graphique en forme de pointes de tarte

Étant donné que le graphique doit représenter le niveau de scolarité des répondants, déplacez la variable **scolarité** dans le rectangle **DÉFINIR LES SECTEURS PAR / DEFINE SLICES BY**. Pour avoir un regroupement des données en pourcentage, sélectionnez l'option **% DES OBSERVATIONS / % OF CASES** du rectangle **LES SECTEURS REPRÉSENTENT / SLICES REPRESENT**. Ce graphique ne porte aucun titre. Une fois la définition terminée, cliquez sur le bouton **OK** pour lancer la création du graphique.

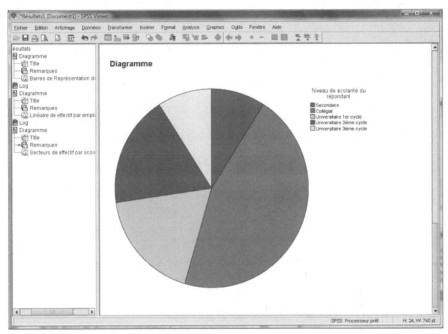

Graphique en forme de pointes de tarte

4.4. Enregistrement des graphiques

Après création ou modification des graphiques, vous pouvez décider de les enregistrer sur un cédérom ou sur le disque dur de votre ordinateur. Pour ce faire, la fenêtre **RÉSULTATS SPSS VIEWER** doit être active. Pour enregistrer les graphiques à l'écran, cliquez sur le bouton permettant d'enregistrer un graphique ou exécutez l'option **ENREGISTRER SOUS / SAVE AS** du menu **FICHIER / FILE**.

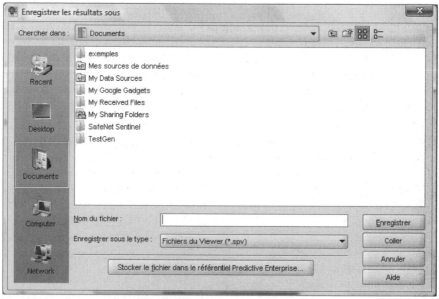

Fenêtre d'enregistrement des graphiques

Il ne vous reste qu'à sélectionner le bon lecteur ainsi que le bon répertoire. Une fois cette opération terminée, dans le rectangle **NOM DU FICHIER / FILE NAME**, saisissez le nom que vous désirez donner à votre graphique, puis cliquez sur le bouton **ENREGISTER / SAVE** pour lancer son enregistrement.

4.5. Impression des graphiques

Avec SPSS pour Windows, vous pouvez imprimer les graphiques de la fenêtre **RÉSULTATS SPSS VIEWER** : le graphique courant (celui affiché à l'écran) ou tous les graphiques de cette fenêtre. La fenêtre contenant les graphiques doit être active pour que l'impression des graphiques puisse avoir lieu. Cliquez sur le bouton d'impression ou exécutez l'option **IMPRIMER / PRINT** du menu **FICHIER / FILE**.

Fenêtre d'impression des graphiques

La fenêtre d'impression des graphiques se divise en trois sections. La première section, **IMPRIMANTE / PRINTER**, permet de sélectionner l'imprimante à utiliser. La deuxième section, **PLAGE D'IMPRESSION / PRINT RANGE**, permet de choisir si l'on désire imprimer l'ensemble des graphiques ou seulement ceux qui sont sélectionnés. Finalement, dans la section **NOMBRE DE COPIES / NUMBER OF COPIES**, on saisit le nombre d'exemplaires à imprimer. Lorsque tous les paramètres d'impression sont exacts, il faut cliquer sur le bouton **OK** pour lancer l'impression.

4.6. Générateur de diagrammes

Avec les nouvelles versions de SPSS, un nouvel outil est disponible pour l'élaboration de graphique. Allez dans le menu **GRAPHES / GÉNÉRATEUR DE DIAGRAMMES (GRAPHS / CHART BUILDER)**.

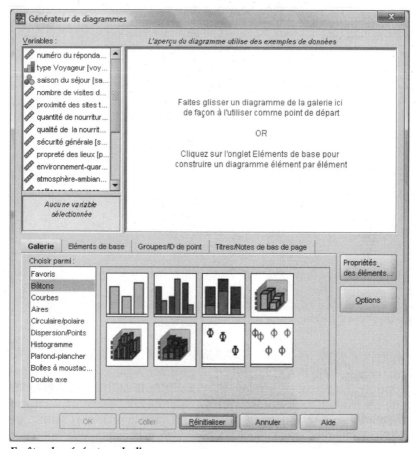

Fenêtre du générateur de diagrammes

La fenêtre du générateur de diagramme se divise en trois sections. La première section, **VARIABLES**, vous propose la liste des variables présentes dans le fichier de données. La deuxième section est l'aperçu du graphique, et la troisième section permet de définir les options du graphique.

Pour débuter, il faut sélectionner un type de graphique dans la galerie et glisser à l'aide de la souris, dans la section aperçu, l'icône représentant le graphique désiré. Ensuite, choisissez une variable dans la liste et glissez-la sur l'axe. Tout dépendant du type de graphique choisi, il peut y avoir plusieurs options. Pour ajouter des titres, il faut cliquer sur l'onglet **TITRES / NOTES DE BAS DE PAGE (TITLES / FOOTNOTES)**, sélectionner l'option désirée et taper le texte.

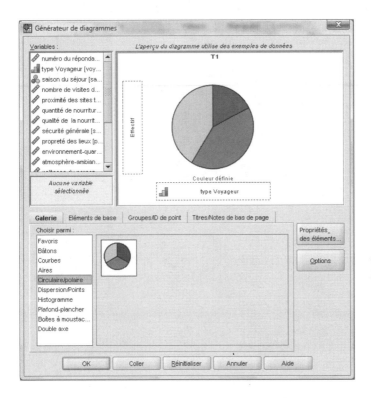

Une fois les options du graphique définies, il faut cliquer sur le bouton **OK**. Voici le contenu de la fenêtre **RÉSULTATS SPSS VIEWER** :

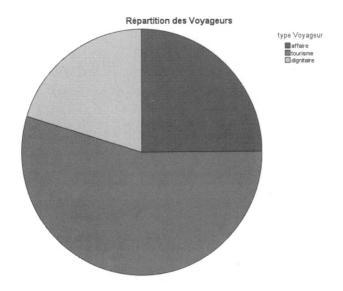

5 Utilisation des commandes de syntaxe

La plupart des commandes de SPSS pour Windows sont accessibles à partir des menus et des boîtes de dialogue. Cependant, certaines commandes et options sont disponibles seulement si l'on utilise le langage des commandes de la fenêtre SYNTAX. Ce langage vous permet de sauvegarder votre travail dans un fichier de syntaxe et de répéter vos commandes plus tard ou les faire exécuter automatiquement à l'aide de l'utilitaire SPSS PRODUCTIVITY FACILITY (que nous n'expliquerons pas dans ce manuel).

Nous allons maintenant voir comment utiliser l'aide en ligne de SPSS pour créer un fichier de commande, le sauvegarder, le récupérer et l'exécuter.

5.1. Création d'un fichier de commandes

Nous allons créer un fichier syntaxe contenant les commandes nécessaires pour produire la moyenne du salaire du répondant conditionnée par les variables **sexe**, **statut social** et **niveau de scolarité** de celui-ci.

Pour ce faire,

1. choisissez **COMPARER LES MOYENNES / COMPARE MEANS** du menu **ANALYSE / ANALYZE**, puis **MOYENNE / MEANS** ;

2. sélectionnez la variable **salaire** du répondant et cliquez sur la flèche du haut ; cela définira le salaire comme variable dépendante ;

3. sélectionnez la variable **sexe** du répondant et cliquez sur la flèche du milieu ; cette variable sera traitée comme indépendante ;

4. cliquez sur **SUIVANT / NEXT** et ensuite sur la variable **statut social** et sur la flèche du milieu pour définir une deuxième variable indépendante ;

5. cliquez sur **SUIVANT / NEXT** encore une fois et sur **niveau de scolarité**, qui sera considérée comme notre troisième et dernière variable indépendante ;

6. enfin, cliquez sur **COLLER / PASTE**.

Une fois ces opérations terminées, vous obtenez l'écran suivant. :

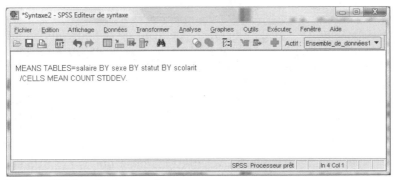

Fenêtre d'édition des commandes

5.2. Sauvegarde d'un fichier de commandes

Vous venez ainsi de créer votre syntaxe, que vous allez maintenant enregistrer dans un fichier qui aura pour extension **.SPS**. Pour ce faire, à partir de l'**Éditeur de Syntaxe / Syntax Editor**, sélectionnez l'option **Enregistrer sous / Save As** du menu **Fichier / File**. L'écran ci-après s'affichera.

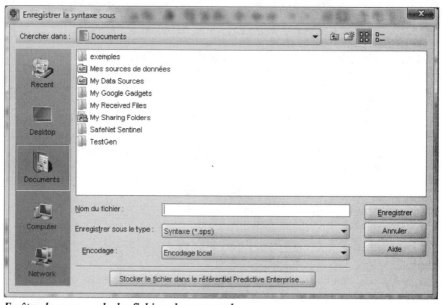

Fenêtre de sauvegarde des fichiers de commandes

Choisissez l'emplacement du fichier en cliquant sur la flèche qui pointe vers le bas, en haut de l'écran, et tapez dans la case **Nom du fichier / File name** le nom que portera votre fichier. Indiquez le type de fichier désiré dans la fenêtre **Enregistrer sous le type / Save as Type** en cliquant sur la flèche qui pointe vers le bas et en choisissant, parmi les différents types de fichiers existants, celui avec l'extension **.SPS**, puis cliquez sur **Enregistrer / Save**.

Pour les fins de cet exemple, sauvegardez le fichier **moyennes.SPS** sur le Bureau.

5.3. Récupération d'un fichier de commandes

On récupère un fichier de commandes comme on le fait pour tous les autres fichiers.

Dans le menu **FICHIER / FILE**, choisissez l'option **OUVRIR / OPEN** et la sous-option **SYNTAXE / SYNTAX**. Rendez-vous à l'emplacement du fichier de commandes, puis sélectionnez-le. Vous devriez avoir un écran analogue à celui présenté ci-après.

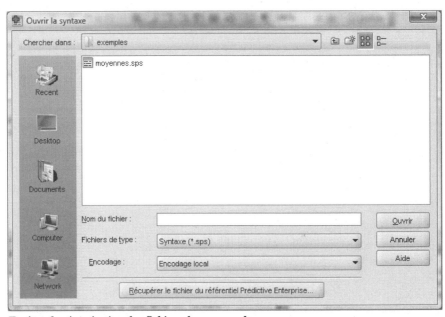

Fenêtre de récupération des fichiers de commandes

Cliquez sur **OUVRIR / OPEN** pour accéder au fichier **moyennes.SPS** que vous venez de créer et que vous avez sauvegardé sur le Bureau. Vous pourrez y apporter les modifications désirées.

5.4. Exécution des statistiques à partir d'un fichier de commandes

L'exécution des statistiques à partir d'un fichier de commandes se fait en deux étapes. La première étape consiste à positionner le curseur sur la première commande à exécuter, alors que la deuxième consiste à lancer l'exécution du traitement. Les calculs débutent à partir de la ligne pointée par le curseur et se terminent à la dernière ligne de commande. Les résultats s'affichent dans la fenêtre **RÉSULTATS SPSS VIEWER**. Après avoir récupéré votre fichier de commandes comme il a été indiqué précédemment, sélectionnez l'option **TOUS / ALL** dans le menu **EXÉCUTER / RUN** afin d'exécuter toutes les commandes que contient le fichier. Vous pouvez aussi décider des commandes que vous voulez exécuter en choisissant l'option **SÉLECTION / SELECTION**.

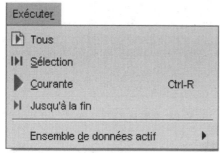

Option du menu Exécuter / Run

6 Un exemple d'analyse commenté

Sondage sur la satisfaction des clients d'un hôtel

Le propriétaire de l'hôtel ABC vous demande de l'aider à analyser les données d'un sondage qu'il a effectué cette année auprès de ses clients. À titre de consultant expert, vous lui proposez d'utiliser le logiciel SPSS pour vous aider à traiter les données.

Cet exemple nous servira à réviser les commandes apprises et sera l'occasion d'interpréter quelques statistiques parmi les plus utiles.

Le questionnaire comporte 18 questions auxquelles 237 personnes ont répondu. Les données recueillies sont disponibles à l'adresse <sica.qc.ca/spss>, tandis que vous pouvez consulter le questionnaire à la page 89 de cet ouvrage.

6.1. Présentation du questionnaire

Voici le questionnaire élaboré pour étudier la satisfaction de l'hôtel.

1. Quel type de voyage effectuez-vous ?

    1 = Affaire   2 = Tourisme   3 = Dignitaire

2. Comment avez-vous effectué vos réservations ?

    1 = Par Internet   2 = Par téléphone   3 = Autre

3. Combien de fois avez-vous séjourné à notre hôtel avant aujourd'hui ?

_____

Selon l'échelle suivante, en pensant à votre séjour, quelle est votre opinion par rapport aux points suivants ?							
Totalement insatisfait					Totalement satisfait		
1	2	3	4	5	6	7	
4. La proximité des sites touristiques							
5. La quantité de nourriture était suffisante							
6. La qualité de la nourriture était adéquate							
7. La sécurité générale sur les lieux de l'hôtel							
8. Les lieux étaient entretenus et propres							
9. La qualité de l'environnement (quartier, plage etc.)							
10. L'atmosphère de l'hôtel, l'ambiance							
11. La politesse du personnel							
12. Le confort des lieux							
13. En général, je suis satisfait de mon séjour							
14. Je suis de nature sportive							

15. Avez-vous notre carte fidélité ?

    1 = Oui   2 = Non

16. Quel est votre âge ? _____ ans

17. Quel est votre pays d'origine ?

    1 = Europe 2 = Amérique 3 = Asie 4 = Afrique 5 = Canada

18 . Quel est votre sexe ?

    1 = Masculin   2 = Féminin

L'écran ci-dessous montre l'affichage des variables dans SPSS, une fois entrées les données selon l'une ou l'autre des méthodes présentées au chapitre 2 (en entrant directement les données ou en les important de Excel).

	Nom	Type	Largeur	Décimales	Etiquette	Valeurs	Manquant	Colonnes	Align	Mesure
1	id	Numérique	3	0	numéro du répondant	Aucun	Aucun	3	Droite	Echelle
2	voyageur	Numérique	1	0	type Voyageur	{1, affaire}...	Aucun	6	Droite	Nominales
3	reservat	Numérique	1	0	type de réservation	{1, Par Inter...	Aucun	7	Droite	Nominales
4	visites	Numérique	4	0	nombre de visites de ce répondant	Aucun	Aucun	6	Droite	Echelle
5	proximité	Numérique	4	0	proximité des sites touristiques	{1, totaleme...	Aucun	5	Droite	Echelle
6	nourquan	Numérique	4	0	quantité de nourriture	{1, totaleme...	Aucun	5	Droite	Echelle
7	nourqual	Numérique	4	0	qualité de la nourriture	{1, totaleme...	Aucun	5	Droite	Echelle
8	sécurité	Numérique	4	0	sécurité générale	{1, totaleme...	Aucun	5	Droite	Echelle
9	propreté	Numérique	4	0	propreté des lieux	{1, totaleme...	Aucun	6	Droite	Echelle
10	environ	Numérique	4	0	environnement-quartier	{1, totaleme...	Aucun	5	Droite	Echelle
11	atmosphere	Numérique	4	0	atmosphère-ambiance	{1, totaleme...	Aucun	5	Droite	Echelle
12	politesse	Numérique	4	0	politesse du personnel	{1, totaleme...	Aucun	5	Droite	Echelle
13	confort	Numérique	4	0	confort des lieux	{1, totaleme...	Aucun	5	Droite	Echelle
14	satisgen	Numérique	4	0	satisfaction générale	{1, totaleme...	Aucun	5	Droite	Echelle
15	sportif	Numérique	4	0	intéret pour le sport	Aucun	Aucun	4	Droite	Echelle
16	fidelité	Numérique	1	0	carte fidélité	{1, oui}...	Aucun	5	Droite	Echelle
17	age	Numérique	1	0	age du répondant (extremes)	Aucun	Aucun	3	Droite	Echelle
18	origine	Numérique	1	0	pays d'origine	{1, France}...	Aucun	4	Droite	Nominales
19	sexe	Numérique	1	0	sexe du répondant	{1, Homme}...	Aucun	3	Droite	Nominales

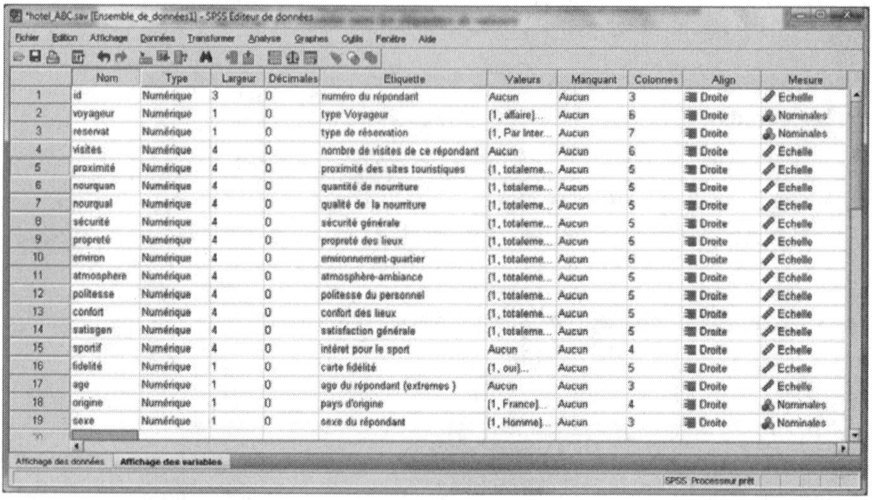

Fenêtre Affichage des variables

La variable **ID** a été ajoutée; il s'agit du numéro du questionnaire. Ce numéro a été inscrit sur le questionnaire lors du codage des données pour faciliter le repérage advenant des erreurs de codage (par exemple, si on inscrit un âge de 356, il faudra retourner sur le questionnaire d'origine pour savoir si la donnée était 35, 56 ou même 36).

Les autres variables résultent de la codification des autres questions. Pour les variables qui avaient plusieurs modalités de réponses possibles (par exemple, le sexe, qui peut être masculin ou féminin), des étiquettes de valeurs ont été définies en cliquant dans la région d'en-tête **VALEURS / VALUES**.

L'écran suivant montre la fenêtre d'affichage des données.

Fenêtre Affichage des données sans les étiquettes de valeurs

Pour avoir les étiquettes de valeurs à l'écran, activez l'icône ✎ , qui se trouve dans la barre d'outils. Le résultat donne la fenêtre suivante :

Fenêtre Affichage des données avec les étiquettes de valeurs

6.2. Nettoyage des données

Après avoir entré les données dans le logiciel SPSS, vous devez vérifier s'il n'y a pas eu d'erreur humaine lors de la saisie des données ou de leur codification. Pour ce faire, il suffit d'effectuer une vérification en utilisant **EFFECTIFS / FREQUENCIES**, l'une des commandes de statistiques descriptives du logiciel. Sélectionnez alors l'ensemble des questions et vérifiez si les fréquences dénotées pour chaque modalité ont du sens. Plus précisément, il vous faut choisir les options permettant d'afficher le minimum et le maximum pour chaque question. Par exemple pour les questions allant de 4 à 15, les possibilités de réponses vont de 1 à 7, alors que la question 16 peut prendre des valeurs possibles de 1 ou 2. En plus du minimum et du maximum, l'examen des tableaux de fréquences peut faire ressortir un nombre élevé de réponses manquantes, ce qui peut signaler au chercheur des anomalies.

Pour effectuer ces statistiques d'effectifs, sélectionnez le menu **ANALYSE / STATISTIQUES DESCRIPTIVES / DESCRIPTIVES (ANALYZE / DESCRIPTIVE STATISTICS / DESCRIPTIVES)**, et faites glisser les variables vers le côté droit à l'aide de la flèche. Appuyez ensuite sur **OK**

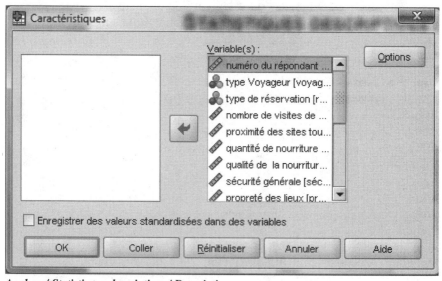

Analyse / Statistiques descriptives / Descriptives

Voici les résultats de l'analyse :

Statistiques descriptives

	N	Minimum	Maximum	Moyenne
numéro du répondant	237	1	237	119.00
type Voyageur	237	1	3	1.95
type de réservation	237	1	3	1.73
nombre de visites de ce répondant	237	1	20	6.78
proximité des sites touristiques	237	1	7	3.71
quantité de nourriture	237	1	6	3.27
qualité de la nourriture	237	1	7	4.74
sécurité générale	237	1	7	5.30
propreté des lieux	237	1	7	4.06
environnement-quartier	237	1	7	4.63
atmosphère-ambiance	237	1	7	3.80
politesse du personnel	237	1	7	4.26
confort des lieux	237	1	7	4.24
satisfaction générale	237	1	7	3.90
intéret pour le sport	237	1	7	4.73
carte fidélité	237	1	2	1.52
age du répondant (extremes)	237	17	65	35.76
pays d'origine	237	1	5	3.14
sexe du répondant	237	1	2	1.50
N valide (listwise)	237			

Résultats de Analyse / Statistiques descriptives / Descriptives

Dans le tableau ci-haut, vérifiez si les données sont dans les normes. S'il y a des données hors normes, il faudra les corriger. Pour ce faire, regardez le no **ID** de questionnaire et retournez voir s'il s'agit d'une erreur de codage ou de transcription.

6.3. Analyse des données

6.3.1. Variables

Une variable est le nom symbolique attribué à la représentation d'une caractéristique d'une entité ou d'un phénomène. Pour décrire un client, on utilise des variables telles âge, sexe, profession, etc. Pour décrire la satisfaction d'un client, une attitude, on utilise diverses perceptions considérées comme liées à la satisfaction d'un client lors d'un séjour dans un hôtel quant à la qualité de la nourriture ou la propreté ou la sécurité des lieux, par exemple.

En analyse des données, on considère quatre types de mesures pour les variables : nominale (ou catégorique), ordinale, scalaire/intervalle et scalaire/ratio. Nous allons les décrire ci-après.

6.3.2. Mesures non métriques

Les mesures non métriques contiennent des valeurs qui expriment une qualité. Elles peuvent être nominale (comme le sexe ou la couleur) ou ordinale (le niveau de scolarité). Pour plus d'informations, référez-vous à la section des mesures au chapitre 2.

Pour les statistiques possibles avec une échelle nominale, le mode mesure la tendance centrale. Comme mesure de dispersion, il existe l'indice de variabilité qualitative. Ce dernier se calcule de la manière suivante :

$$IVQ = \frac{k(n^2 - \Sigma f_i^2)}{n^2(k-1)}$$

Parmi les statistiques possibles avec une échelle ordinale, le mode et la médiane mesurent la tendance centrale, et l'intervalle interquartile, la dispersion.

6.3.3. Mesures métriques

Les mesures métriques (quantitatives) contiennent des valeurs mesurables. Elles sont généralement discrètes (le nombre de visite) ou continues (la température). On retrouve les mesures avec des échelles d'intervalle, ou ratio. Pour plus d'informations, référez-vous à la section des mesures au chapitre 2.

Pour les échelles d'intervalles / rapport, les mesures de tendance centrale acceptent comme statistiques possibles le mode, la médiane et la moyenne ; pour ce qui est des mesures de dispersion, ce sont l'étendue, l'écart-type et la variance, l'intervalle interquartile et l'étendue semi-interquartile.

6.4. Statistiques descriptives

Lorsque nous disposons de variables scalaires, on peut utiliser une large gamme de statistiques dites paramétriques, telles la moyenne, la médiane, le minimum, le maximum, la dispersion, la variance, etc. Dans certains cas, notamment lorsque les échelles d'intervalle sont suffisamment larges (5 à 7 points), certains assument une certaine continuité dans les données, associant ainsi les variables ordinales à des variables scalaires, et ce, permettant alors d'utiliser les statistiques paramétriques. À défaut de cette hypothèse, il convient d'utiliser, pour les données ordinales, des statistiques dites non paramétriques, également fournies dans SPSS.

6.4.1. Mesures de tendance centrale

Les mesures de tendance centrale doivent être utilisées avec des variables continues (scalaires), en présumant qu'ils ont une distribution normale.

Le mode est la donnée qui revient le plus souvent dans une série.

La médiane donne la valeur qui occupe la position centrale dans une série qui a préalablement été triée en ordre. La médiane possède un avantage : elle n'est pas sensible aux valeurs extrêmes.

La moyenne est obtenue en calculant la somme des valeurs et en divisant par le nombre de valeurs. La moyenne a un gros défaut : elle est sensible aux valeurs extrêmes. Fréquemment mal utilisée, elle doit toujours être comparée avec la médiane et le mode. Chacune des mesures prise individuellement nous donne une idée, très simplifiée, de l'ordre de grandeur des valeurs présentes dans la série, mais ne dit pas grand-chose sur l'hétérogénéité des données. Il peut être intéressant de connaître ces trois indicateurs car, ensemble, ils permettent d'obtenir plus de précisions au sujet d'une distribution. Par exemple, une distribution présente une moyenne qui est entraînée par des valeurs extrêmes. Si la moyenne est beaucoup plus basse que la médiane, certains nombres de la distribution ont donc des valeurs beaucoup plus basses que l'ensemble des autres ; à l'inverse, si la moyenne est beaucoup plus haute que la médiane, certains nombres ont des valeurs beaucoup plus hautes que l'ensemble des autres.

Pour calculer la moyenne, la médiane ou le mode avec SPSS, allez dans le menu **ANALYSE / STATISTIQUES DESCRIPTIVES / EFFECTIFS (ANALYZE / DESCRIPTIVE STATISTICS / FREQUENCIES)**. Glissez, dans la fenêtre de droite, les variables que vous souhaitez analyser. Cliquez sur le bouton **STATISTIQUES / STATISTICS**, et cochez les cases **MOYENNE, MÉDIANE, MODE (MEAN, MEDIAN, MODE)**. Cliquez sur **POURSUIVRE / CONTINUE** et **OK**. Le résultat se retrouve dans la fenêtre **RÉSULTATS SPSS VIEWER**.

Statistiques

nombre de visites de ce répondant

N	Valide	237
	Manquante	0
	Moyenne	6.78
	Médiane	7.00
	Mode	7

Moyenne, médiane et mode pour le nombre de visites du répondant à l'hôtel

6.4.2. Mesures de dispersion

Les mesures de tendance centrale doivent être utilisées avec des variables continues (scalaires), en présumant qu'ils ont une distribution normale.

L'écart-type et la variance (l'écart-type au carré) sont des mesures arbitraires servant à caractériser la dispersion d'un échantillon ou d'une population.

Le maximum et le minimum permettent de trouver les données minimum et maximum d'une variable.

Pour calculer l'écart-type, la variance ainsi que le minimum ou le maximum avec SPSS, allez dans le menu **ANALYSE / STATISTIQUES DESCRIPTIVES / EFFECTIFS (ANALYZE / DESCRIPTIVE STATISTICS / FREQUENCIES)**. Glissez, dans la fenêtre de droite, les variables que vous souhaitez analyser. Cliquez sur le bouton **STATISTIQUES / STATISTICS**, et cochez les cases **ÉCART-TYPE (STD. DEVIATION), VARIANCE, MINIMUM, MAXIMUM**. Cliquez sur **POURSUIVRE / CONTINUE** et **OK**. Le résultat se retrouve dans la fenêtre **RÉSULTATS SPSS VIEWER**.

Statistiques

nombre de visites de ce répondant

N	Valide	237
	Manquante	0
	Ecart-type	3.489
	Variance	12.174
	Minimum	1
	Maximum	20

L'écart-type, la variance, le minimum et le maximum pour le nombre de visites du répondant à l'hôtel

6.5. Analyse bivariée

L'analyse bivariée consiste à vérifier la relation entre deux variables. Une relation bivariée implique l'effet d'une variable sur une autre et non l'inverse : on parle alors de relation d'indépendance. La variable subissant l'influence est appelée variable dépendante. La variable qui produit l'effet est appelé variable indépendante.

6.5.1. Quel test choisir ?

Le test à choisir varie selon la nature des variables. Le tableau suivant résume l'application des tests dans l'analyse bivariée :

Type de mesure	Deux mesures avec échelle non métrique	Une mesure avec échelle non métrique et une mesure avec échelle métrique	Deux mesures avec échelle métrique
Type d'analyse	Tableau croisé	Comparaison de moyennes	Corrélation ou régression
Tests statistiques	Chi-deux	T de student (deux moyennes) F (Anova) (deux moyennes ou plus)	t (corrélation) ou F (régression)
Force de la relation	V de Cramer	n	r ou R
Commande SPSS	Analyse (Analyze) ↓ Statistiques descriptives (Descriptive Statistics) ↓ Tableaux croisés (Crosstabs)	Analyse (Analyze) ↓ Comparer les moyennes (Compare Means) ↓ Test T pour échantillons indépendants (independant samples T-test) OU ANOVA à un facteur (One-Way ANOVA)	Corrélation : Analyse (Analyze) ↓ Corrélation ↓ Bivariée (Bivariate) OU Régression : Analyse (Analyze) ↓ Régression ↓ Linéaire (Linear)

Tableau pour le choix d'un test statistique

6.5.2. Tableau croisé (Chi-deux)

Le Chi-deux permet d'estimer la force de la relation entre les variables. Il s'agit ici de l'analyse de la relation entre deux variables non métriques. Dans ce genre de test, l'hypothèse nulle (H_0) par défaut est que les deux variables sont indépendantes.

La règle de décision du test sur SPSS se base sur un niveau de signification statistique, soit la valeur p. Si p est inférieur à 0,05, on rejette H_0. La conclusion sera donc que, si p est inférieur à 0,05, il semble qu'il y a un lien entre les deux variables.

La force de la relation pourra être alors être démontrée par le V de Cramer. Voici comment l'interpréter :

$$V >= 0,70 : \text{très forte}$$
$$V = 0,00 : \text{nulle}$$

Dans l'exemple utilisé pour ce chapitre, on pourrait chercher à savoir si le sexe (question 18) a une influence sur le type de voyageur (question 2). En effectuant le test du Chi-deux selon les étapes **ANALYSE / STATISTIQUES DESCRIPTIVES / TABLEAUX CROISÉS (ANALYZE / DESCRIPTIVE STATISTICS / CROSSTABS)**, on ajoute le type de voyageur à la case **LIGNE(S) / ROW(S)**, et la variable **sexe** à la case **COLONNE(S) / COLUMN(S)**. Cliquez ensuite sur le bouton **STATISTIQUES / STATISTICS**, et cochez les cases **CHI-DEUX (CHI-SQUARE)** et **V DE CRAMER (CRAMER'S V)**. Cliquez sur **POURSUIVRE / CONTINUE** et sur **OK** pour faire afficher les résultats dans la fenêtre **RÉSULTATS SPSS VIEWER**.

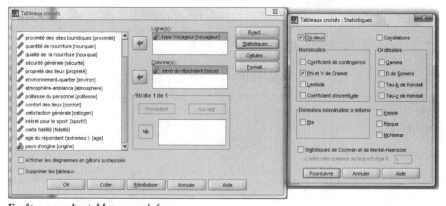

Fenêtre pour les tableaux croisés

Tests du Khi-deux

	Valeur	ddl	Signification asymptotique (bilatérale)
Khi-deux de Pearson	17.020[a]	2	.000
Rapport de vraisemblance	17.247	2	.000
Association linéaire par linéaire	.009	1	.927
Nombre d'observations valides	237		

a. 0 cellules (.0%) ont un effectif théorique inférieur à 5. L'effectif théorique minimum est de 23.90.

Rapport du test du Chi-deux

En examinant le tableau ci-dessus, il semble y avoir une relation entre les variables **sexe** et **type de voyageur** parce que la signification (la valeur *p*) est plus petite que 0,05.

Mesures symétriques

		Valeur	Signification approximée
Nominal par Nominal	Phi	.268	.000
	V de Cramer	.268	.000
	Nombre d'observations valides	237	

Rapport du test du Chi-deux

La valeur du V de Cramer est de 0,268, ce qui en fait une relation faible (voir le tableau ci-dessus).

6.5.3. Comparaison de deux moyennes

La comparaison de deux moyennes permet de faire une relation bivariée d'intérêt entre une variable métrique et une variable non métrique. On veut savoir si l'une ou l'autre des variables peut avoir un rôle de variable dépendante ou indépendante, ou une relation d'interdépendance.

L'hypothèse nulle (H_0) est qu'il n'existe pas de relation entre ces deux variables. La règle de décision du test sur SPSS se base sur un niveau de signification statistiques, soit la valeur p. Si *p* est inférieur à 0,05, on rejette H_0. La conclusion sera donc que, si p est inférieur à 0,05, il semble qu'il y a un lien entre les deux variables.

La force de la relation (non fournie par SPSS) est la statistique êta, qui est une valeur entre 0 et 1. n_1 et n_2 correspondent à la taille respective des sous-groupes. Elle se trouve de la manière suivante :

$$\hat{\text{E}}\text{ta} = (t^2 /(t^2 + n_1 + n_2 - 2))^{0,5}$$

L'interprétation de cette variable peut se référer au schéma d'interprétation décrit à la section précédente.

Dans l'exemple qui nous occupe, examinons si la perception de la propreté est différente selon le sexe. Pour effectuer le test sur SPSS, on doit aller dans le menu **ANALYSE / COMPARER LES MOYENNES / TEST T (ANALYZE / COMPARE MEANS / INDEPENDANT-SAMPLES T-TEST) POUR ÉCHANTILLONS INDÉPENDANTS**. Il faut sélectionner la variable sur la perception de la propreté et la glisser dans **VARIABLE(S) À TESTER / TEST VARIABLE(S)**, glisser la variable **sexe** dans la case **CRITÈRE DE REGROUPEMENT / GROUPING VARIABLE**. Ensuite, il faut cliquer sur le bouton **DÉFINIR DES GROUPES / DEFINE GROUPS** et entrer l'identifiant du groupe 1 et 2, puis cliquer sur **POURSUIVRE / CONTINUE** et **OK**.

Fenêtre de la comparaison de moyennes

Cela nous donnera le résultat suivant dans la fenêtre **RÉSULTATS SPSS VIEWER** :

Statistiques de groupe

	sexe du répondant	N	Moyenne	Ecart-type	Erreur standard moyenne
propreté des lieux	Homme	118	4.50	1.204	.111
	Femme	119	3.62	1.282	.118

Test d'échantillons indépendants

		Test de Levene sur l'égalité des variances		Test-t pour égalité des moyennes					Intervalle de confiance 95% de la différence	
		F	Sig.	t	ddl	Sig. (bilatérale)	Différence moyenne	Différence écart-type	Inférieure	Supérieure
propreté des lieux	Hypothèse de variances égales	2.365	.125	5.435	235	.000	.878	.162	.560	1.196
	Hypothèse de variances inégales			5.436	234.300	.000	.878	.162	.560	1.196

Rapport de la comparaison de moyennes

✱ En regardant la statistique F et l'indice Sig, on constate que ce dernier est supérieur à 0,05 (Sig = 0,125), ce qui laisse supposer que la statistique F est considérée petite. Cela nous amène à conclure que les deux sous-groupes, homme et femme, proviennent d'une même population, puisque leurs variances sont non significativement différentes. Cette hypothèse de variance égale nous amène à lire la suite des statistiques sur la première plutôt que la deuxième ligne. On remarque que $t = 5,435$ avec un p de 0,00, ce qui signifie que l'on rejette l'hypothèse nulle d'égalité des moyennes des sous-groupes. Il semble qu'il y a un lien entre la propreté et le sexe du répondant. La statistique êta donne 0,33, ce qui laisse supposer une relation de force modérée.

6.6. Comparaison de plusieurs moyennes : l'analyse de variance à un facteur (ANOVA)

La comparaison de plusieurs moyennes ressemble à la démarche précédente, sauf que la variable non métrique comporte plus de deux groupes.

Plus la différence entre les moyennes de groupe observées dans l'échantillon est grande, plus il y a de chances qu'une relation existe dans la population. Plus la dispersion dans les groupes est petite, plus la différence entre les moyennes est réelle dans la population.

L'hypothèse nulle dans ce test sera que les moyennes sont égales. La règle de décision du test sur SPSS se base sur un niveau de signification statistique du F, soit la valeur p. Si p est inférieur à 0,05, on rejette H_0. La conclusion sera donc que, si p est inférieur à 0,05, il semble qu'il y a un lien entre les variables.

Dans l'exemple utilisé pour ce chapitre, on aimerait voir si la perception de la qualité de la nourriture varie selon la saison.

Avec SPSS, il faut sélectionner le menu **ANALYSE / COMPARER LES MOYENNES / ANOVA À UN FACTEUR (ANALYZE / COMPARE MEANS / ONE-WAY ANOVA)**. Il faut glisser la variable **satisfaction générale** dans la case **LISTE VARIABLES DÉPENDANTES / DEPENDANT LIST**, et le pays d'origine dans la case **CRITÈRE / FACTOR**.

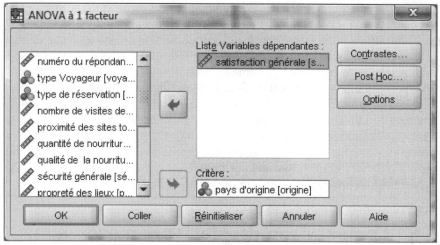

Fenêtre de la comparaison de moyenne avec Anova à 1 facteur

Voici le tableau de résultats :

ANOVA

satisfaction générale

	Somme des carrés	ddl	Moyenne des carrés	F	Signification
Inter-groupes	119.125	4	29.781	9.904	.000
Intra-groupes	697.642	232	3.007		
Total	816.768	236			

Rapport de la comparaison de moyennes avec Anova à 1 facteur

La statistique F = 9, 904 a un p (signification) de 0,000, ce qui signifie que l'on rejette l'hypothèse nulle. Il semble y avoir une différence entre les pays d'origines en ce qui concerne la satisfaction générale.

6.7. Corrélation

Le coefficient de corrélation donne la force du degré de liaison entre deux variables quantitatives. Cette mesure peut démontrer l'existence d'un lien entre les variables indépendantes et dépendantes. La corrélation est une mesure de lien linéaire. L'analyse de corrélation est effectuée lorsque les deux variables sont métriques. Le coefficient R (de −1 à 1) nous permet de voir le degré de lien linéaire. L'hypothèse nulle dans le test est qu'il n'existe pas de relation entre les deux variables ($r = 0$). La règle de décision du test sur SPSS se base sur un niveau de signification statistique, soit la valeur p. Si p (signification) est inférieur à 0,05, on rejette H_0. La conclusion sera donc que, si p est inférieur à 0,05, il semble qu'il y a un lien entre les variables.

Dans l'exemple qui nous occupe, on aimerait savoir s'il y a un lien entre la satisfaction générale et la qualité de la nourriture. Dans SPSS, il faut aller dans le menu **ANALYSE / CORRÉLATION / BIVARIÉE (ANALYZE / CORRELATE / BIVARIATE)**, glisser les deux variables, **satisfaction générale et qualité de la nourriture**, dans la zone **VARIABLES**, et appuyer sur **OK**.

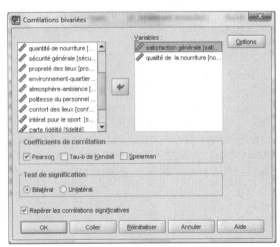

Fenêtre de la corrélation bivariée

Voici le résultat dans la fenêtre **RÉSULTATS SPSS VIEWER** :

Corrélations

		satisfaction générale	qualité de la nourriture
satisfaction générale	Corrélation de Pearson	1.000	.942**
	Sig. (bilatérale)		.000
	N	237	237
qualité de la nourriture	Corrélation de Pearson	.942**	1.000
	Sig. (bilatérale)	.000	
	N	237	237

**. La corrélation est significative au niveau 0.01 (bilatéral).

Rapport de corrélation

Le coefficient R = 0,942 avec une signification (p) de 0,000 nous amène à conclure qu'il semble exister une forte relation entre la satisfaction générale et la qualité de la nourriture.

6.8. Régression linéaire simple

L'analyse de régression linéaire simple permet de produire un modèle de relation entre des variables métriques, d'estimer l'adéquation d'un modèle et de voir graphiquement la correspondance entre les données et le modèle. La régression sert à estimer la relation de dépendance entre deux variables métriques. La droite des moindres carrés se formule somme suit :

$$Y = A + Bx$$

Dans l'exemple de l'hôtel, on aimerait savoir comment la sécurité, le confort des lieux et la proximité des sites touristiques jouent un rôle sur la satisfaction générale. Pour y arriver avec SPSS, il faut aller dans le menu **ANALYSE / RÉGRESSION / LINÉAIRE (ANALYZE / REGRESSION / LINEAR)**, glisser les variables afin de reproduire le tableau de la page suivante et appuyer sur **OK**.

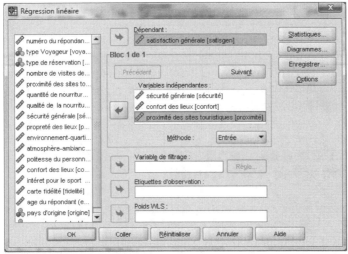

Fenêtre de la régression linéaire

Dans la fenêtre **RÉSULTATS SPSS VIEWER**, on retrouve les tableaux suivants :

Récapitulatif du modèle

Modèle	R	R-deux	R-deux ajusté	Erreur standard de l'estimation
1	.925ᵃ	.855	.853	.714

a. Valeurs prédites : (constantes), proximité des sites touristiques, sécurité générale, confort des lieux

ANOVAᵇ

Modèle		Somme des carrés	ddl	Carré moyen	F	Signification
1	Régression	698.123	3	232.708	457.001	.000ᵃ
	Résidu	118.645	233	.509		
	Total	816.768	236			

a. Valeurs prédites : (constantes), proximité des sites touristiques, sécurité générale, confort des lieux
b. Variable dépendante : satisfaction générale

Coefficientsᵃ

Modèle		Coefficients non standardisés		Coefficients standardisés	t	Signification
		B	Erreur standard	Bêta		
1	(constante)	-.965	.153		-6.326	.000
	sécurité générale	.711	.031	.743	22.835	.000
	confort des lieux	-.125	.053	-.103	-2.365	.019
	proximité des sites touristiques	.439	.063	.334	7.003	.000

a. Variable dépendante : satisfaction générale

Rapport de la régression

En examinant les données ci-haut, on peut dire que les variables **sécurité**, **confort des lieux** et **proximité des sites touristiques** expliquent 85,5 % (*r*-deux) de la variation de la satisfaction générale. La statistique F étant à 457 avec une signification de 0,000, cela permet de conclure qu'il semble que la relation est statistiquement significative. L'ordonnée à l'origine (constante) est égale à –0,965, et les coefficients de régression (sécurité, confort et proximité) sont respectivement de 0,711 ; –0,125 ; 0,439.

6.9. Réduction des données par l'analyse factorielle

L'objectif est la réduction de l'information sans trop de perte. La réduction des données par l'analyse factorielle nous permet de passer d'un grand nombre d'items ou d'énoncés à un nombre plus restreint, en regroupant ensemble les items qui mesurent une même dimension, obtenant ainsi un certain nombre de facteurs représentant chacun une dimension d'une variable étudiée.

Dans l'exemple utilisé pour ce chapitre, nous aimerions savoir quelles sont les dimensions de la satisfaction. Dans SPSS, allez dans le menu **ANALYSE / FACTORISATION / ANALYSE FATORIELLE (ANALYZE / DATA REDUCTION / FACTOR)**. Ensuite, glissez toutes les variables de satisfaction dans la case **VARIABLES**, cliquez sur le bouton **ROTATION**, sélectionnez l'option **VARIMAX** et cliquez sur **POURSUIVRE / CONTINUE**. Cliquez ensuite sur le bouton **OPTIONS**, sélectionnez les options **CLASSEMENT DES VARIABLES PAR TAILLE / SORTED BY SIZE** et **SUPPRIMER LES VALEURS ABSOLUES INFÉRIEURES À / SUPRESS ABSOLUTE VALUES LESS THAN**, inscrivez 0,30 dans la case au lieu de 0,10, et cliquez sur **POURSUIVRE / CONTINUE** et **OK**. Vous obtiendrez les résultats suivants dans la fenêtre **RÉSULTATS SPSS VIEWER**.

Fenêtre de l'analyse factorielle

Variance totale expliquée

Composante	Valeurs propres initiales			Somme des carrés des facteurs retenus pour la rotation		
	Total	% de la variance	% cumulés	Total	% de la variance	% cumulés
1	6.201	68.903	68.903	4.349	48.325	48.325
2	1.572	17.462	86.366	3.424	38.040	86.366
3	.402	4.471	90.837			
4	.201	2.236	93.072			
5	.181	2.010	95.082			
6	.172	1.906	96.988			
7	.116	1.289	98.277			
8	.094	1.048	99.325			
9	.061	.675	100.000			

Méthode d'extraction : Analyse en composantes principales.

Matrice des composantes après rotation[a]

	Composante	
	1	2
propreté des lieux	.859	
atmosphère-ambiance	.854	
politesse du personnel	.849	.391
confort des lieux	.843	.371
environnement-quartier	.835	.384
proximité des sites touristiques	.752	.332
qualité de la nourriture		.939
sécurité générale		.936
quantité de nourriture		.926

Méthode d'extraction : Analyse en composantes principales.
Méthode de rotation : Varimax avec normalisation de Kaiser.

Rapport de l'analyse factorielle

Selon le premier tableau, il y a deux facteurs qui expliquent 86 % de la variance.

En examinant la matrice après rotation, on remarque que la première composante comprend la politesse, l'ambiance, le confort des lieux, la propreté des lieux, le quartier et la proximité des sites touristiques. La deuxième composante comprend la qualité et la quantité de nourriture, ainsi que la sécurité générale. Après interprétation, on serait porté à croire que le premier facteur serait ce qui est avantageux et le deuxième, ce qui est indispensable.

Conclusion

Voilà terminé ce petit tour d'horizon des principales commandes de base du logiciel SPSS, qui vous seront d'une grande utilité dans l'analyse de vos données.

Vous avez appris à entrer des données, à les codifier et à les qualifier, à les imprimer et à les sauvegarder. La production de graphique avec le logiciel devrait simplifier la production de rapports intéressants pour vos lecteurs et faciliter pour tous la compréhension de vos distributions de données. Avec l'accumulation des commandes dans le fichier **SYNTAX***, vous pouvez diminuer votre investissement en temps et rendre plus aisée la production périodique d'analyses. Enfin, l'exemple du présent chapitre a permis d'illustrer un cheminement d'analyse de données, du questionnaire à l'utilisation de statistiques univariées, bivariées et multivariées.*

Nous ne saurions trop vous recommander de vous procurer l'ouvrage de Stafford et Bodson, L'analyse multivariée avec SPSS, également publié aux Presses de l'Université du Québec, pour une étude approfondie des techniques avancées en analyse des données.

Marquis imprimeur inc.

Québec, Canada
2008